海上絲綢之路基本文獻叢書

三寶征夷集

越南游歷記

〔明〕馬歡 撰／〔清〕嚴璩 撰

文物出版社

圖書在版編目（CIP）數據

三寶征夷集 /（明）馬歡撰．越南游歷記 /（清）嚴璩撰．-- 北京 ：文物出版社，2022.7
（海上絲綢之路基本文獻叢書）
ISBN 978-7-5010-7569-0

Ⅰ．①三… ②越… Ⅱ．①馬… ②嚴… Ⅲ．①鄭和下西洋－史料②越南－概況 Ⅳ．①K248.105 ②K933.3

中國版本圖書館 CIP 數據核字（2022）第 097025 號

海上絲綢之路基本文獻叢書

三寶征夷集・越南游歷記

撰　　者：〔明〕馬歡　〔清〕嚴璩
策　　劃：盛世博閲（北京）文化有限責任公司

封面設計：鞏榮彪
責任編輯：劉永海
責任印製：張　麗

出版發行：文物出版社
社　　址：北京市東城區東直門内北小街 2 號樓
郵　　編：100007
網　　址：http://www.wenwu.com
經　　銷：新華書店
印　　刷：北京旺都印務有限公司
開　　本：787mm×1092mm　1/16
印　　張：12.5
版　　次：2022 年 7 月第 1 版
印　　次：2022 年 7 月第 1 次印刷
書　　號：ISBN 978-7-5010-7569-0
定　　價：90.00 圓

總緒

海上絲綢之路，一般意義上是指從秦漢至鴉片戰爭前中國與世界進行政治、經濟、文化交流的海上通道，主要分爲經由黄海、東海的海路最終抵達日本列島及朝鮮半島的東海航綫和以徐聞、合浦、廣州、泉州爲起點通往東南亞及印度洋地區的南海航綫。

在中國古代文獻中，最早、最詳細記載『海上絲綢之路』航綫的是東漢班固的《漢書·地理志》，詳細記載了西漢黄門譯長率領應募者入海『齎黄金雜繒而往』之事，書中所出現的地理記載與東南亞地區相關，并與實際的地理狀況基本相符。

東漢後，中國進入魏晉南北朝長達三百多年的分裂割據時期，絲路上的交往也走向低谷。這一時期的絲路交往，以法顯的西行最爲著名。法顯作爲從陸路西行到印度，再由海路回國的第一人，根據親身經歷所寫的《佛國記》（又稱《法顯傳》）一書，詳細介紹了古代中亞和印度、巴基斯坦、斯里蘭卡等地的歷史及風土人情，是瞭解和研究海陸絲綢之路的珍貴歷史資料。

隨着隋唐的統一，中國經濟重心的南移，中國與西方交通以海路爲主，海上絲綢之路進入大發展時期。廣州成爲唐朝最大的海外貿易中心，朝廷設立市舶司，專門管理海外貿易。唐代著名的地理學家賈耽（七三〇～八〇五年）的《皇華四達記》記載了從廣州通往阿拉伯地區的海上交通『廣州通夷道』，詳述了從廣州港出發，經越南、馬來半島、蘇門答臘半島至印度、錫蘭，直至波斯灣沿岸各國的航綫及沿途地區的方位、名稱、島礁、山川、民俗等。譯經大師義净西行求法，將沿途見聞寫成著作《大唐西域求法高僧傳》，詳細記載了海上絲綢之路的發展變化，是我們瞭解絲綢之路不可多得的第一手資料。

宋代的造船技術和航海技術顯著提高，指南針廣泛應用於航海，中國商船的遠航能力大大提升。北宋徐兢的《宣和奉使高麗圖經》詳細記述了船舶製造、海洋地理和往來航綫，是研究宋代海外交通史、中朝友好關係史、中朝經濟文化交流史的重要文獻。南宋趙汝適《諸蕃志》記載，南海有五十三個國家和地區與南宋通商貿易，形成了通往日本、高麗、東南亞、印度、波斯、阿拉伯等地的『海上絲綢之路』。宋代爲了加强商貿往來，於北宋神宗元豐三年（一〇八〇年）頒佈了中國歷史上第一部海洋貿易管理條例《廣州市舶條法》，并稱爲宋代貿易管理的制度範本。

元朝在經濟上採用重商主義政策，鼓勵海外貿易，中國與歐洲的聯繫與交往非常頻繁，其中馬可·波羅、伊本·白圖泰等歐洲旅行家來到中國，留下了大量的旅行記，記録元代海上絲綢之路的盛况。元代的汪大淵兩次出海，撰寫出《島夷志略》一書，記録了二百多個國名和地名，其中不少首次見於中國著録，涉及的地理範圍東至菲律賓群島，西至非洲。這些都反映了元朝時中西經濟文化交流的豐富内容。

明、清政府先後多次實施海禁政策，海上絲綢之路的貿易逐漸衰落。但是從明永樂三年至明宣德八年的二十八年裏，鄭和率船隊七下西洋，先後到達的國家多達三十多個，在進行經貿交流的同時，也極大地促進了中外文化的交流，這些都詳見於《西洋蕃國志》《星槎勝覽》《瀛涯勝覽》等典籍中。

關於海上絲綢之路的文獻記述，除上述官員、學者、求法或傳教高僧以及旅行者的著作外，自《漢書》之後，歷代正史大都列有《地理志》《四夷傳》《西域傳》《外國傳》《蠻夷傳》《屬國傳》等篇章，加上唐宋以來衆多的典制類文獻、地方史志文獻，集中反映了歷代王朝對於周邊部族、政權以及西方世界的認識，都是關於海上絲綢之路的原始史料性文獻。

海上絲綢之路概念的形成，經歷了一個演變的過程。十九世紀七十年代德國地理學家費迪南·馮·李希霍芬（Ferdinad Von Richthofen，一八三三～一九〇五），在其《中國：親身旅行和研究成果》第三卷中首次把輸出中國絲綢的東西陸路稱爲『絲綢之路』。有『歐洲漢學泰斗』之稱的法國漢學家沙畹（Édouard Chavannes，一八六五～一九一八），在其一九〇三年著作的《西突厥史料》中提出『絲路有海陸兩道』，藴涵了海上絲綢之路最初提法。迄今發現最早正式提出『海上絲綢之路』一詞的是日本考古學家三杉隆敏，他在一九六七年出版《中國瓷器之旅：探索海上的絲綢之路》中首次使用『海上絲綢之路』一詞；一九七九年三杉隆敏又出版了《海上絲綢之路》一書，其立意和出發點局限在東西方之間的陶瓷貿易與交流史。

二十世紀八十年代以來，在海外交通史研究中，『海上絲綢之路』一詞逐漸成爲中外學術界廣泛接受的概念。根據姚楠等人研究，饒宗頤先生是華人中最早提出『海上絲綢之路』的人，他的《海道之絲路與昆侖舶》正式提出『海上絲路』的稱謂。選堂先生評價海上絲綢之路是外交、貿易和文化交流作用的通道。此後，大陸學者馮蔚然在一九七八年編寫的《航運史話》中，使用『海上絲綢之路』一詞，這是迄今學界查到的中國大陸最早使用『海上絲綢之路』的人，更多地限於航海活動領域的考察。一九八〇年北京大學陳炎教授提出『海上絲綢之路』研究，并於一九八一年發表《略論海上絲綢之路》一文。他對海上絲綢之路的理解超越以往，且帶有濃厚的愛國主義思想。陳炎教授之後，從事研究海上絲綢之路的學者越來越多，尤其沿海港口城市向聯合國申請海上絲綢之路非物質文化遺産活動，將海上絲綢之路研究推向新高潮。另外，國家把建設『絲綢之路經濟帶』和『二十一世紀海上絲綢之路』作爲對外發展方針，將這一學術課題提升爲國家願景的高度，使海上絲綢之路形成超越學術進入政經層面的熱潮。

與海上絲綢之路學的萬千氣象相對應，海上絲綢之路文獻的整理工作仍顯滯後，遠遠跟不上突飛猛進的研究進展。二〇一八年厦門大學、中山大學等單位聯合發起『海上絲綢之路文獻集成』專案，尚在醖釀當中。我們不揣淺陋，深入調查，廣泛搜集，將有關海上絲綢之路的原始史料文獻和研究文獻，分爲風俗物産、雜史筆記、海防海事、典章檔案等六個類別，彙編成《海上絲綢之路歷史文化叢書》，於二〇二〇年影印出版。此輯面市以來，深受各大圖書館及相關研究者好評。爲讓更多的讀者親近古籍文獻，我們遴選出前編中的菁華，彙編成《海上絲綢之路基本文獻叢書》，以單行本影印出版，以饗讀者，以期爲讀者展現出一幅幅中外經濟文化交流的精美畫卷，爲海上絲綢之路的研究提供歷史借鑒，爲『二十一世紀海上絲綢之路』倡議構想的實踐做好歷史的詮釋和注脚，從而達到『以史爲鑒』『古爲今用』的目的。

凡例

一、本編注重史料的珍稀性，從《海上絲綢之路歷史文化叢書》中遴選出菁華，擬出版百册單行本。

二、本編所選之文獻，其編纂的年代下限至一九四九年。

三、本編排序無嚴格定式，所選之文獻篇幅以二百餘頁爲宜，以便讀者閱讀使用。

四、本編所選文獻，每種前皆注明版本、著者。

五、本編文獻皆爲影印，原始文本掃描之後經過修復處理，仍存原式，少數文獻由於原始底本欠佳，略有模糊之處，不影響閱讀使用。

六、本編原始底本非一時一地之出版物，原書裝幀、開本多有不同，本書彙編之後，統一爲十六開右翻本。

目録

三寶征夷集

三寶征夷集

一卷

〔明〕馬歡 撰

明抄本

三寶征夷集

余昔觀島夷誌載天時氣候之别地理人物之異慨然嘆曰普天之下何若是之不同耶永樂拾壹年癸巳

太宗文皇帝勅命正使太監鄭和等統領寶船往西洋諸番開讀賞賜余以通譯番書忝備使末隨其所至鯨波浩渺不知其幾千里萬歷涉諸邦其天時氣候地里人物目擊而身履之然後知島夷誌之所著不誣而尤有不可奇詫者焉於採摭諸國人物之妍强壤俗之同異與夫土產之别量域之制編次成帙名曰瀛涯勝覽俾屬目者一顧之頃諸番事實悉得其要而尤見夫

聖化所及非前代之比弟愧愚昧一介微氓叨陪使節與斯勝覽誠千載之

奇遇也是快也措意遣詞不能文但直書其事而已覽者毋以膚
浅誚焉是爲序
永樂拾肆年歲次丙申黄鍾月吉旦會稽山
樵馬歡述

瀛涯勝覽記行詩

天敕 宣布綸音往夷域鯨舟吼浪泛滄溟經涉洪濤渺無極洪濤浩
浩湧瓊波群山隱匕浮青螺占城港口暫停艤揚帆迅速来闍婆
闍婆遠隔中華地天氣炎蒸人物異科頭裸足語侏僑不習
衣冠禮義踈
天書到處騰歡声蠻魁酋長爭相迎南金異寶遠馳貢懷恩慕義

攄忠誠闍婆又往西洋去三佛齊過臨五嶼蘇門荅剌就峙中流海
舶船番商經此聚自此分綜往錫蘭阿枝古里連諸番弱水南濱
溜山奔去路茫茫更險艱欵投西域遥凝目但見波光接天緑舟人
矯手混西東惟指星辰定南北忽魯謨厮邁海傍大宛米息通
行商曾聞博望使絶域如何
當代覃
恩光書生從役忘卑賤使節三陪遊覽遍高山巨浪豈曾觀異賨珎奇今
始見俯仰堪輿無有垠際天極地皆王臣
聖朝一統混華夏于曠古今孰可論使節勤勞恐遲暮值南風指歸路
舟行巨海若遊龍回首遐荒隔煙霧歸到

京華觀覲

紫宸龍墀拜納皆奇珎重瞳一顧

天顔喜爵祿均頒

雨露新

諸番國名

占城國　爪哇國　暹羅國　舊港國　滿剌加國　啞魯國

蘇門答剌國　那孤兒小國　黎代國小國　南浡里國　溜山國　榜葛剌國

錫蘭國　小葛蘭國　阿枝國　古里國　祖法兒國　忽魯謨厮國

阿丹國　天方國

寶船陸拾叁隻

大者長肆拾肆丈肆尺　濶壹拾捌丈

中者長叁拾柒丈　濶壹拾伍丈

計下西洋官校旗軍勇士力士通士民稍買辦書手通共計貳萬柒千陸百柒拾員名

官捌百陸拾捌員　軍貳萬陸千捌百貳名

正使太監柒員　監丞伍員　少監拾員

内官内使伍拾叁員　户部郎中壹員　都指揮貳員

指揮玖拾叁員　千户壹百肆拾員　百户肆百叁員

教諭壹員　陰陽壹員　舍人貳名　餘丁壹名

醫者醫士壹百捌拾名

占城國

其國即釋典所言王舍城在廣南大海之南自福建福州府長樂縣五虎門開船往西南行好風十日可到其國南連真臘國西接交阯界東北俱臨大海國之東北百里有一海口名新州港々岸有一石塔為記諸處船隻到此艤泊登岸々有一寨番名設比奈二頭目為主番人五六十家內居以守港口去西南百里到王居之城番名曰怙其城以石疊開肆門令人守把國王係鎖俚人崇信釋教頭戴金鈒三山玲瓏花冠如中國付淨戴者之樣身穿五色如綿紬花番布長衣下圍色絲手巾跣足出入騎象小車以二黃牛前拽而行其頭目所戴之冠用茭葦葉為之亦如其王所戴

之樣但以金彩粧飾內分品級高低所穿顏色衣衫長短不過膝下圍各色番布手巾王居屋宇高大上盖細長小瓦四邊墻垣用磚灰粧砌甚潔其門以堅木雕刻獸畜之形爲飾民居房屋用茅草盖覆簷高三尺躬身低頭出入高者有罪服衣紫其白衣惟王可穿民下衣服並許玄黄紫色穿白衣者罪死婦人男子蓬頭婦人撮髻腦後身體俱墨上穿禿袖短衫下圍色布手巾俱赤脚氣候煖熱無霜雪常如肆伍月之特草木常青山產茄藍香觀音竹降真香烏木其烏木甚黑潤絕勝他國出者茄藍香惟此國出產天下再無出處價甚貴以銀對換觀音竹如細藤棍樣長壹丈七八尺如鉄之黑一寸二三節他所不出犀

牛象牙甚廣其犀牛如水牛之形大者有七八百斤滿身無毛黑色但是鱗甲紋癩厚皮蹄有三跲頭有一角生於鼻梁之中長有一尺四五寸不食草料惟食刺樹刺葉并指大乾木拋糞如染坊蘆黄色其馬低少如驢水牛黄牛猪羊俱有鵝鴨稀少鷄短少至大者不過二斤脚高寸半二寸其雄鷄紅冠白耳亜腰縠尾人拿手中亦啼其可愛也菓有梅橘西瓜蔗椰子波羅蜜芭蕉子之類波羅蜜如東瓜之樣皮像川荔枝皮内有鷄子大塊黄肉味如蜜甜中有子如腰子樣炒吃味如栗子蔬菜則王瓜東瓜葫蘆芥菜葱薑而已其餘菓菜並無人多以魚爲業少耕種所以稻谷不廣土種米粒細長多紅者大少麥皆無换椰

老葉人不絶口而食男女婚姻則男子先至女家成親過十日或半月其男家父母及諸友以被樂迎取回家飲酒作樂其酒以飯拌藥封於甕中候熟欲飲則以長節小竹簡長三四尺者挿入酒甕中賓客圍坐旦人數入水輪次咂飲吸乾再入水而飲直至無酒味則止寫書青紙筆用羊皮搥薄或樹皮薰揩成經揩以白粉寫字爲記國刑得罪輕者以藤條杖脊重者截鼻爲盜者斷手犯姦者男女烙面成疤痕罪甚者以硬木削尖立於於小船樣木上放水中令罪人坐於尖木之上從口出而死就流水上以示其衆日月之定無閏月但十二月爲一年晝夜分爲十更用鼓打記其王年節日用生人膽汁調水沐浴其各

處頭目採取進納以爲貢獻之理其國王爲主三十年則退位出家令弟兄子姪權管國事王往深山持齊受戒喫素獨居一年對天誓曰我先爲王在位無道願狼虎食我或病死之若一年滿足不死再登其位復管国事国人尊呼爲昔嚟馬哈剌扎至尊至聖之稱也屍致魚者本是人家婦女也但眼無瞳人爲異夜寢則飛頭去食人家小兒糞其兒被其妖氣侵腹必死飛頭回合其體則如旧若知其候頭飛去移體别處回不能合則死人家若有法不報吕除殺者罪及一家又有通海大潭如人有爭訟難明之事官不能決者則令其爭訟二人騎水牛赴過其潭里曲者鮀魚而出食之理直者雖過十次而不能食最爲其異其

海邊出内有野水牛甚很原是人家耕牛走入山中自生自長年深成群但見人穿青者必趕来抵觸而死甚可悪也番人甚借其頭或有觸其頭者即有陰殺之恨其買賣交易使用七成淡金或銀中国青磁盤碗等器紵絲綾綃燒珠等物甚愛之則将淡金换罪常将犀角象牙茄藍香等進獻

朝廷

爪哇國

爪哇國古者名闍婆國也其国有四處皆有城廓其他国舡来先至一處名杜板次至一處名廝村又至一處地城蘇魯馬益再至一處名曰蒲者伯夷国王居之其王之所居以磚爲墙高三丈餘週

圍二百餘步其内設重門甚整潔房屋如樓起造高每三四丈即布以板鋪細藤簟成花草蓆人於其上蟠膝而坐屋上用硬木板爲瓦破篷而盖人住屋以茅草盖之家家俱以磚砌三四尺土庫藏貯家私什物居止坐卧於其上国王之扮蓬頭或戴金葉花冠身無衣袍下圍絲嵌手巾一二條再用錦綺或紵纏之於腰名曰壓腰插一兩把短刀在腰名不剌頭赤脚出入坐牛車或騎象国人之扮男子蓬頭女人撮髻上穿衣下圍手巾腰插不剌頭一把三歲小兒至百歲老人貧富貴賤俱有此刀皆有兔毫雪花上等鑌鐵爲之其柄用金或犀角象牙雕刻人形鬼面之狀製極細巧国人男子婦人皆惜其頭若人以手觸

模或買賣之際錢物不明或酒醉狂蕩或言語爭競便拔此刀刺之強者爲勝若戮死人其人逃避三日而去則不償命若當時拿住隨亦戮死国無鞭笞之刑事無大小即用細藤背縛兩手雍行數步即將不刺頭刀於罪人腰眼或軟脇一二刺即死其国風俗無日不殺人甚可畏也中国歷代銅錢通行使用杜板者番名賭班地名也此處有千餘家以二頭目爲主其間中国多有廣東漳州人居流此地鷄羊魚菜甚賤海灘有一小池其淡可飲傳云是聖水傳言大元時命將史弼高興征伐闍婆經月不得登岸舡中乏水軍士失措其高興史弼二人拜天祝日奉命征蠻天若與之則泉生不與則泉無禱畢奮力插鎗

海灘泉水隨鎗插處湧出水味甘淡衆飲而得全此殆天賜也至今存焉於杜板投東行半日許至厮付番名曰革兒革原係沽灘之地盖因中国之人来此剏居遂名新村至今村主廣東人也約有千餘家其各處番舡多到此處買賣其金子諸般寶石一應番貨多有賣者民甚殷富自二村投南舡行半日許則到魯蘇馬益港口其港口流出淡水沙浅大舡難進止用小舡行二十餘里到蘇魯馬益番名蘇兒把牙亦有村主掌管番人千餘家其間有中国人其港有一洲臨林木森茂有長尾猢猻萬数聚止於上有一黑色老雄猴獼爲主㧞一老番婦人随側其国中婦人無子嗣者備飯菓餅之類往禱於老獼猴其老獼

猴喜則先食其物餘令猴爭奪食盡其物隨有雌雄二猴來前交感爲騐婦人回家即便有孕否則無也甚爲可怪自蘇兒把牙小船行七八十里到埠頭名章沽登岸往西南行日半到蒲者伯夷即王居之處也其處有番人二百家頭目七八人輔助其王天氣長熱如夏田稻一年二熟米粒細白芝麻菉豆皆有大小麥俱無土產蘇木金剛子白檀香肉豆蔻蓽蕟班猫鑌鐵龜筒玳瑁奇禽有鸚鵡如母鷄大紅綠鶯哥五色鶯哥鷯哥皆能效人言語珎珠鷄倒掛鳥五色花班鳩孔雀檳榔雀珎珠雀綠斑鳩之類異獸有白鹿白猿猴等畜有羊猪牛馬鷄鴨但無驢與鵞尔果有芭蕉子椰子甘蔗石蓮西瓜莽吉柿郎扱之類

其蕃吉柿如石榴樣皮厚内有橘囊樣白肉四塊味甜酸甚可喫郎扱如苣批杷樣畧大内有白肉二塊味亦甜其蔗皮白粗大每根可長三二丈其餘瓜茄蔬菜皆有只無桃李悉兼国人坐卧無床凳食飯無匙筯男女以檳榔葉裹蜊灰不絶於口欲喫飯時將水先潄口中檳榔洗兩手乾淨團坐用盤蒲盛其飯澆以酥油湯汁以手撮入口中而食若渴則飲凉水賓客往來無茶止以檳榔待之國三等人一等回回人皆是西番各爲商流落此地衣食諸駄皆清致一等唐皆廣東漳泉等處人竄居此地日用美潔多有飯皈從回回教門受戒持齋者一等土人形貌甚醜黑纏頭赤脚崇信教鬼佛諸言思国其中即此他也

人喫飯食甚是穢惡如虫蟻之数畧炎燒微熟便喫家畜其天
與人同而食夜則共寢恬無忌惮旧特傳鬼子魔王青面紅身
赤髮正於法地與一囙象相合而生子百餘常淡血食人多被
啖忽一日雷震石裂中坐一人衆称異之遂推為主郎領精兵驅
逐囙象等而不為害後復生虜而安為所以至今人好兇強年
例有一竹鎗會旦以十月為春首国人令妻坐一塔車于前自坐一
車于後其塔車高丈餘四面有窗下有轉軸以馬前洩而行至
會所兩邉擺隊各執竹鎗一根莫竹鎗實心無刃但削尖而甚堅
利對手男子各携妻孥在彼各妻手執三尺短木棍立於其中
聽鼓声緊慢為號二男子執鎗進步抵鎗交鋒三合二人之妻

各以手執木棍格之曰那剌那則退散設被戮死其一王令勝者與死者家人金錢壹箇死者之妻隨勝者男子而去如此比勝爲戲其婚姻之禮則男子先至女家成親三日後迎其婦歸男家則打銅鼓銅鑼吹椰殼篩鼓并放火銃前後短刀團牌圍繞其婦披髮裸體跣足圍繫絲嵌手巾項佩金珠聯絡之飾腕帶金銀寶粧之鐲親朋隣里以檳榔荖葉綠級草花之類裝插彩舡而伴送之以爲賀喜之禮至家則鳴鑼鼓飲酒作樂數日而散喪塟之礼人家父母將死爲子女者先問其父母隨心所願而囑之死後即依遺言而送之若欵犬食者則擡其屍至海邊或野外土有犬數十來食盡屍肉無餘爲好如食不盡其子女

悲號泣将餘骸棄水中而歸有富人及頭目尊貴者將死則手下親厚婢妾先與主人誓曰死則同往到死後出殯之日先以木搭高跳下架紫椎継火焚報候焰盛之際其原誓婢妾二三人則蒲頭帶草花身披五色花手巾登跳哭泣良久撺下火内同主屍焚化此為殯葬之禮番人殷富甚多買賣交易行使中国歷代銅錢書記亦有字如鎖俚字同無紙筆用尖刀刻於麦葉棄止亦有文法國語甚美軟ㄎ称之法每斤二十兩每　拾陸錢每錢四姑郍該官秤一两四錢每斤該官秤二十八两升斗之法截竹為升每升為一姑剌該中國官升一斤父毋番斗一斗為一櫟黎該番升八升計木升壹斗肆升四合每削運十五十六

月明之夜番婦二十余人或三十余人衆成隊一婦爲首以臂膊遞相聯挽不斷於月下徐步而行爲首者口唱番歌一句衆皆齊聲和之到親戚富貴之家門首則增以銅錢等物名爲步月行樂而已有一等人以紙筆畫人物鳥兔鷹虫之冊如手捲樣以三尺高二木爲畫幹止齊一頭其人蟠膝坐於地以圖畫立地上展出一段前朝番語高聲解說此段來歷衆人圍坐而聽之或笑或哭便如說平話一般國人最喜中國青花磁器并麝香花絹紵絲燒珠之類則用銅錢買易國王常差頭目舡隻將方物貢獻

朝廷

舊港國

舊港國即古名三佛齊國是也番名浡淋邦屬爪哇國所轄東接爪哇界西抵蒲剌加国界南大山北臨大海諸處船來先至淡港入彭家門裏繫船岸多磚搭用小船入港則至其國國人多廣東漳泉人逃居此也甚富饒地土甚肥諺云一季種穀三季收稻正此地也地方不廣人多操習水戰其處水多地小頭目之家皆在岸地造屋其餘民庶皆在木筏上蓋屋居之用椿纜拴繫在岸水長則筏浮不能奔設或欲别處居之則椿連屋而去不劳搬徙其國中朝暮二次暗長潮水人之風俗婚姻死葬語言皆與爪哇國同昔洪武年間廣東人陳祖義等全家逃為

此地就爲頭目甚是豪強凡有經過客舡輙便刼奪財物來樂

伍年間

朝廷差太監鄭和等統領西洋大䑸寶舡到此有施進卿亦廣東人

來報陳祖義兇横等情被太監鄭和生擒陳祖義等回

朝伏誅就賜施進卿冠帶歸舊港爲大頭目以主其地本人死位

不傳子是其女施二姐爲主一切賞罰黜陟皆從其制土產鶴

頂黃速香降真香沉香黄蠟之類金銀香中國皆不出其香如

銀匠鈒銀器黑膠相似中有白膸一䰟白塊在内好者由多黑

少低者黑多白少焚之器味其列衝觸人鼻西番并鎻俚人甚

愛此香鶴頂鳥大如鴨毛黑長頸嘴尖其腦盖骨厚寸餘外紅

色裏如黄蠟之色嬌黄可愛謂之鶴頂堪作腰帶刀靶擠機之類又出一等火鷄大如仙鶴身圓簇頸比鶴項頸更長有軟紅冠似紅帽子之狀二片生於頸中嘴尖渾身毛如羊毛稀長青色脚長鉄黒色其爪甚利亦能爪破人腹腸出即死好喫烌炭遂駕火鷄用棍打擊碎不能死又山產一等神獸名曰神鹿大如巨猪高三尺許前半截甚黑後半截甚白花毛純短可愛嘴如猪嘴不平四蹄如猪蹄有三跲止食草木不食葷腥其牛羊猪犬鷄鴨蔬菜瓜菓之類與瓜哇皆有彼處人多好博戲如把龜奕棋鬬鷄鴨賭錢物之類市中交易亦使中國銅銭并布帛之類亦将方物進貢

朝廷

暹羅國

自占城國向西南舡行七晝夜順風至新門臺海口入港纔到其國地週千里外山崎嶇內地潮濕土瘠少堪耕種氣候不正或寒或熱王居之屋華麗整潔民庶房屋如樓起坐上不鋪板却用檳榔木劈如竹片樣密擺用藤紮縛甚堅固上鋪藤席坐卧食息皆在其上王者之扮用白布纏頭上不穿衣下圍絲嵌手巾加以錦綺壓腰出入騎象或乘轎一人執金柄傘茭蔁葉砌做甚好王係鎖俚人氏崇信釋教國人爲僧爲泥姑者極多僧泥服色與中国頗同亦住庵觀受戒持齋風俗凡事皆是婦

女主掌其國王及民下若有議謀刑法輕重買賣一應巨細之事皆決於妻其婦人志量果勝男子若有妻與中國人通好則致酒飯以待同飲共寢其夫恬不為怪乃曰我妻色美中國人喜愛男子擲髻用白布纏頭身穿長衫婦人亦椎髻身穿長衫凡男子年二十餘歲則將陽物週圍迴之皮如韮菜樣細刀挑門嵌入錫珠拾顆皮肉用藥封護待瘡口好時纔出行走如葡萄一般自有一等人開鋪專與人嵌銲以為藝業如國王或大頭目或富人則以金為空珠內安砂子一粒嵌之行動扱扱有声為美不嵌珠之男子則為下等人也最為可笑男女婚姻先請僧迎男子至女家就是僧討取童女喜紅貼於男子之額名

曰利市然後成親過三日後又請諸親友分棹榔彩紅等物迎女歸男家則置酒作樂待賓友死喪之禮凡人事則用水銀灌入腹內而葬之平常人死擡屍於郊外海邊於沙際隨有金色之鳥如大鵝者三五十數飛集空中下將屍肉盡食而去餘骨家人號哭就棄海中而歸謂之鳥葬亦請僧設齋誦經禮佛而已

國之西北去二百餘里有一市鎮名上水可通雲南後門此處有番人五六百家諸色番貨皆有賣者江馬廝肯明石亦有賣者此石次於紅雅姑石明淨如石榴子一般中國寶舡到暹羅亦用小舡去做買賣其國產黃速香羅褐速香降真香沉香花梨木白荳蔻大楓子血竭藤結蘇木花錫并象牙翠毛等物

其蘇木如薪之廣頗色絕勝他處出者異獸有白象獅子猫白
鼠其蘇木之類似占城一般皆有酒有米子酒俱是燒酒甚牛羊
鷄鴨等畜皆有國語頗似廣東鄉談民俗囂淫好習水戰常差
部領討罰隣邦海𧴩當錢使用不使金銀銅錢其王常時蘇木
降真香等物差頭目進獻
朝廷

蒲剌加國

自占城向正南好風舡行八日到龍牙行入門往西南行二日
可到此處舊不稱國因海有五嶼之名國無王止有頭目掌管
諸事此也屬暹羅所轄歲輸金四十兩否則差人征伐永樂七

年己丑
上命正使太監鄭和等賫
詔勑賜頭目双臺銀印冠帶袍服建碑封城遂名蒲剌加國是暹
羅國莫敢侵擾其頭目蒙
恩爲主携子挈妻赴京朝謝進貢方物
朝廷又賜與海舡回國其國東南是大海西北是老岸連山沙滷
之地氣候朝熱暮寒田瘦穀薄人少耕種有一大溪河水一流從
王居前過東入海王於溪上建立木橋上造橋亭二十餘間諸
物買賣皆從其上國王國人皆依回回教門持齋受戒其王服
用以細白番布纏頭身穿細花青布如袍長衣脚穿皮鞋出入

滿剌國人男子方帕包頭女人撮髻腦後身体微黑下圍白布各色手巾上穿細布短衫風俗淳朴房屋如楼閣之制上不鋪板但高四尺許之際以椰木樹劈成片條稀布於上用藤縛定如羊棚樣自有層次連床就榻盤膝而坐飲卧炊具俱在上也人多捕魚爲業用　木刳舟泛海土產黄速香烏木打麼香花錫之類打麼香本是一等樹脂流落土内掘出如松香瀝青之樣火點即着國人皆以此物點照當灯番舡造完則溶此物塗眛於外水不能入彼人多採取轉賣他處内有明淨好者却似金珀一般名損都盧廝有番人做成帽珠而賣水珀即此物也花錫有二處山塢錫場王令頭目主之差人淘煎鑄成斗樣小

塊輸官每塊重官秤一斤八兩每一斤四兩者每十塊用藤縛
為小把四十塊一為一大把通市交易皆以此錫行使國語并
書記及婚喪之礼頗與瓜哇国相同野山有一等樹名鄉人將
此樹皮如中国葛根擣浸澄濾其粉作丸如菉豆大曬乾而賣
名沙孤米可做飯吃海之洲渚岸邊生一等草木茭蔁葉長如
刀茅樣似吾旬殼厚性軟柔結子如荔枝樣鷄彈大人取其子
釀酒名茭蔁酒飲之亦能醉人鄉人取其葉織成細簟只濶二尺
長丈餘為席而賣菓有甘蔗芭蕉子波羅蜜野荔枝之類菜有
葱薑蒜芥東瓜西瓜之類牛羊鷄鴨雖有不多價貴其水牛一
頭值銀一斤之上驢馬皆無其海邊水內常有鼉龍傷人其龍高

其四尺四足蒲身鱗甲皆刺排生龍頭撩牙遇人則齧山出黑
虎皆中国虎畧小其毛黑色亦有暗色花紋黄虎亦有内有虎
爲人入市混人而行自有識者擒而殺之如占城屍頭蛮此處
亦有中國寳舡到彼則立排柵城垣設四門更鼓楼夜則提鈴
廵警内又立重柵小城盖造庫藏倉廒一應頓放在内去各国
舡隻俱回到此取齊打整番貨裝載停當等候南風正順於
五月中旬開洋回還其国王亦自採辦方物挈其妻子帶領
頭目駕舡跟隨回舡赴闕進献

啞魯国小国也

自蒲剌加國開舡好風行四晝夜可到有淡水一條入港到此

國其國南是大山皆是大海西連蘇門荅剌國界東有平地堪種旱稻米粒細小粮食頗有民以耕漁爲業風俗淳朴國内婚喪等事皆與爪哇蒲剌加国相同貨用稀少綿布畨名考泥未吞牛羊鷄鴨甚廣乳酥多有賣者其國王國人皆是回回人山林中出有一等飛虎如猫之大遍身毛灰色有肉翅如蝙蝠翅般但前足肉翅生連後足能飛不遠人或有獲得者不服家食即死出産黃連香金銀香之類乃小國也

蘇門荅剌國　那孤兒小国　黎代小国

蘇門荅剌國即古之須文達那國是也其處乃西洋之摠頭路寶船自蒲剌加國向西南好風行五晝夜先到一扑濵海去處

地荅魯蠻擊舡往東南千餘里即至其國無城廓有一太溪水流入於海一日二次潮水長落其海口大常有舡隻沉沒其國南去有百里之遠大深山北是大海東亦大山至阿魯國界王西邊海山連小國二處先至那孤兒王界又至黎伐王界其蘇門荅剌國王先被那孤兒國花面王侵掠戰鬪身中藥戰而死有一子幼小莫能報讎其王之妻衆誓曰若有能報夫死之讐得全其地吾願爲妻王主國事言訖本處有一漁翁奮志而言我亦能報遂領兵衆當先殺敗花面王復雪其讎花面王被殺其衆退伏不敢侵擾王妻不負前盟與漁翁配合称爲老王家室地賦之政悉聽老王裁制永樂七年老王效　進貢方物而沐

天恩永樂卄年復至其國其先王之子長成陰與部領謀殺義父即
漁翁也奪其位掌其國漁翁有嫡子名蘇幹剌領衆挈家逃走
潛山自立一寨不時率衆侵復父讐永樂十三年正使太監鄭
和等統到彼發兵擒獲蘇幹剌赴
闕明正其罪其王子荷蒙　聖恩常貢方物於
朝廷其國四時氣候不齊朝熱如夏暮寒如秋五月七月間再有瘴
氣山產硫黃出於岩穴之中其山不生草木土名皆焦黃色田
地不廣惟種旱稻一年二熟大小麥俱無其胡椒倚山居住人家
置園種之藤蔓而生若中國廣東甜菜樣開花黃白結椒成實
生青老紅候其半老之時擇採曬乾貨賣其椒粒虛大者此處

椒也每官秤百斤賣彼處金錢八箇直銀壹兩菓有芭蕉子洴
蕉莽告柿波羅蜜之類有一等臭菓番名賭尔烏如中國水鷄
頭樣長七八寸皮生尖刺熟則五六瓣裂開若臭牛肉之臭內
有栗子大酥白肉十四五塊甚甜美可喫肉中有子炒而食之
其味如栗柑橘甚廣四時常有若洞庭獅柑綠橘樣不酸可以
久留不爛又有一等酸子番名掩拔如大消梨樣頗長綠皮其
氣香烈欲食製去其皮挑切外肉而食酸甜甚美核如鷄彈大
其李等菓俱無蔬菜有葱蒜姜芥冬瓜至廣長久不壞西瓜
綠皮紅子有長三二尺者人家多養黃牛乳酪多有賣者羊皆
黑毛無白者鷄無緣者番人不識緣惟有母鷄雄鷄大者五六

斤桑樹亦有人家養蚕不會繅絲只會作綿子其国風俗淳厚言語婚喪并男子穿扮衣服等事皆與蒲剌国相同其民之屋如樓起造不鋪板但用椰子樹劈成條片以藤縛之再用藤簟鋪於上而居之高處亦布閣柵此處多有番舡往來所以諸般番貨多有賣者其國使用金錢錫錢其金錢番名低那兒以七成淡金鑄造每箇圓徑五分面底有紋官秤二分五釐凡買賣則以錫錢使用那孤兒王又名花面王在蘇門荅剌國西地相連止是一大山林但其所管人民皆於面上刺字三尖青花為號所以稱為花面王地方不廣人民止有千餘家田少人多以稜種為生米粮鮮少猪羊鷄鴨俱有国語動用與蘇門

啗剌国相同土無小產乃小国也

黎代國

黎代亦一小國也在那孤兒王地界之西北處南是大山北臨大海西連南浡里國為界國人一二千餘家自推一人為王以主國事屬蘇門荅剌國之管土無所出言語行用與蘇門荅剌國相同山有野犀牛甚多王亦差人捕捉隨同蘇門荅剌國進貢

朝廷

南浡里國

自蘇門荅剌國往西正連山好風舡行三晝夜可到其國邊海人家止有千餘家皆是回回人甚是朴實地方東接黎代王界

西北皆臨大海南去是山山之南又是大海國主亦是廻回人王之居室用大木高三四丈如樓起造樓下俱無裝摺莊放牛羊牲口在下止將樓上四圍以板摺落甚潔坐卧食息皆在其上民居之屋與蘇門荅剌國相同其處黄牛水牛山羊鷄鴨蔬菜稀少魚蝦至賤米榖亦少使用銅錢山產降真香此處降真至好蓮花降亦出犀牛國之西北海内有一大平頂峻山半日可到名帽山山之西大海正是西洋也番名那没黎洋西來過洋船隻俱投此山爲准其山邊二丈上下淺水内生海樹彼人撈取爲宝物貨賣即珊瑚樹也其樹大者高二三尺根頭有大拇指大如墨之沉黑如玉之温潤稍山椏枝婆可愛根頭大處

可碾鳥帽珠器物其帽山脚下亦有居人二三十家各家自稱爲王若問其姓名則曰阿孤喇楂我便是王之荅或問其次則曰阿孤喇楂我亦是王甚可笑也其地屬南浡里國所轄其南浡国王常自跟同宝舡將降真香等物貢於
朝廷

錫蘭國　裸形國

自帽山南放洋好東風舡行三日見翠藍山在海中其山三四座惟一山最高大番名梭篤蠻山彼處之人巢穴居處男女赤体皆無寸絲如獸畜之形土不出米惟食山羊并芭蕉子波羅蜜之類或海捕魚蝦等物而食人傳云若有寸布在身即生烟

瘡昔釋迦佛過海於此處登岸脱衣入水澡浴言赤郊禱即此地也過此投正在西舡行七八日見鶯哥嘴山再三兩日到佛堂山纔到錫蘭国馬頭名別羅里泊舟登岸其海邊山脚光石上有一足跡長二尺許云是釋迦自翠蘭山来從此上岸脚踏此存者中有浅水不乾人皆手蘸其水洗面拭目曰佛水清淨互有佛寺內有釋迦混身側卧尚存不朽其寢坐用各樣寶石粧嵌沉香木爲之製甚華麗及有佛牙并活舍利子等物在堂其釋迦捏槃正此處也去北西五十里纔到上居之處國王係鎖俚人氏崇信佛教尊敬象牛人将牛糞燒灰遍搽身體不食牛肉只食其乳牛死即埋之若私宰牛者王法罪死或納牛

頭金以贖其罪王之居止大家小户每日浸晨先将牛糞用水洞稀遍塗屋下地面然後拜佛則兩手舒於前兩腿直伸於後胸腹皆着地而拜王居之則有一大山浸之高聳山頂有人右脚跡一箇入石身二尺闊長八尺餘之是人祖阿聃聖人即槃右之足跡也其大山内出紅雅姑青雅姑青米藍石昔剌泥昷沒藍等一切宝石每遇大海水衝土流下沙中尋拾則得之常言宝石乃是人祖眼泪結成其壹中有雪白浮沙一片日照其沙光采斂艷日有捞珠螺蚌聚止於上其王置一珠池二三年一次令人取螺蚌傾入珠池之内差人看守此池淘珠納官亦有偷竊而賣者其國地廣人稠亜於爪哇國民俗富饒男子上

身赤剝下圍絲手巾加以壓腰髮鬚并滿身毫毛皆剃淨止留其髮用白布纏頭如其父母死者其鬚毛則不剃此為孝礼女人髻撮腦後下圍白布其新生小而則髮髻不剃養就至長人無酥油乳不食其飯人欲喫飯則於暗處而食不令人見檳榔荖葉不絕於口米谷芝麻菉荳皆有惟麥麵椰子至多油酒糖飯皆將此物做造而食人死則以大化而理其喪家聚親隣之婦都將兩手齊拍胸乳而叫號泣為礼其菓有芭蕉子波羅蜜甘蔗瓜茄蔬菜牛羊鷄鴨皆有国王以金錢通行使用每錢可重官秤一分六厘甚喜中国射香紵絲色絹青磁盤碗銅錢樟腦則將宝石珍珠換易王常差人賚珍珠宝石等物隨

同回洋寶舡進貢
朝廷

小葛蘭國

自錫蘭国馬所别羅里開舡往西北好風行六晝夜到小葛蘭国其国邉海東連大山西是大海南北地狹臨海王国人皆鎖俚人氏崇信釋加佛教尊敬象牛婚姻等事皆錫蘭相同土産蘇木胡椒不多其菓菜之類皆有牛羊頗其羊青毛脚長高二三尺黄牛三四百斤酥酒多有賣者人日食二飡皆用酥油拌飯国人以金鑄銭每箇官秤二分通行使用雖是小国其国王亦将方物差人貢獻於

朝廷

阿技国

自小蘭葛国開舡沿山投西北好風行一晝夜到其国港口泊舡此国東是大山西臨大海南北邊海有路可往鄰國其王亦鎖俚人氏頭纏黃白布上不等衣下圍紵絲手巾再用顏色紵絲一疋纏之名曰壓腰其所目及富人服用與王者頗同人居之屋用椰木起造上用子葉編成如草苫樣一片蓋之雨不能漏家家用磚泥砌一三土庫止分大小家有細軟之物放於內以防大盜国人有五等一等名南昆與王同類內有剃所掛線在頸者最為貴族二等回回人三等名哲地皆是有錢財主四等

人名華令專與人爲牙作保五等人名木瓜木瓜者至低賤之人也至今此輩在邉邉居住其類住屋簷高不過三尺但高者有罪其穿衣上不臍下不過膝途中若遇南昆哲地即伏於地候哲地等過則後行其木瓜之業專以漁樵擡負重物爲生官不容他穿長衣經商買賣如中国灘人一般其王崇奉佛敎尊敬象牛建造佛殿以造銅鋳仙像用青石砌仙座週廻砌成水溝傍穿一井每日清辰鳴羅擊鼓汲井水於佛頭頂繞之再三衆皆羅拜而退又有一等人名濁肌即念佛道人也亦有妻少此輩自出母胎髮不經剃亦不梳篦以酥油等物將髮搓成條縷如毡或十餘數七八縷披曳腦後却將黄牛糞燒灰遍搽身体上

下無衣止用指大黄藤緊縛其腰又以白布爲梢手拿大海螺常吹而行其妻畧以布遮其醜隨七人而行此等即出家人若到人家則與錢米等物其地氣候常煖如夏亦無霜雪每年至二三月夜間則下陣雨一二番人家即整盖房倫辦食用到五六月日夜間則下陣雨滂沱大雨街市城河莫能行大家小户坐候雨信過七月綫終八月半後晴起要黙雨亦無直至次年三月綫又下雨常言半年落雨半年晴正此處也土無他出山有椒人多置園種爲產業每年椒熟本處自有收椒大户收買置人亡盛頓待各處番商來買論播荷説價每亡播荷番秤二百五十斤封剌該番秤十斤計官秤五十斤每播荷該官秤四

百斤賣波或金錢一百一周直銀五两名称哲地者俱是財主專收買下珎寶石香貨之類皆候中國寶舡或別處番舡客人珎珠以分数論價而賣且如每顆重三分半者彼處賣金錢一千八百一周值銀一两珊瑚梗梗其哲地論斤重買下雇債匠人剪斷車旋或珠洗磨先淨亦秤分两而買国王以九色金鑄錢行使名法曰南重官秤一分一厘又以銀鑄錢比海螺螄靨大海箇約重官秤四厘名曰吝兒每金錢一箇換銀錢十五箇街市零用則以此錢行使國人婚喪之禮名依本類不同米粟麻荳黍稷皆有只無大小二麥象馬牛羊犬猪猫鷄鴨皆有只無驢與鵞

尔國王亦將方物差所目進獻於

朝廷

古里國

古里國乃西洋大國也洪阿枝國港口開舡往西北行三日可到其國邊海出遠東有五七百里遠通坎巴夷国西臨大海南連海枝国界北邊相接狼奴兒國地面西洋大正此地也永樂五年朝廷命正使太監鄭和賫　詔勑賜其國王誥命銀冠印皮陞賞各頭目品級冠帶宝舡到彼起建碑亭立石之

中國十萬餘里民物咸若熙皞同風刻石于茲永示萬無国王孫南昆人氏崇信佛教欽敬象牛国人止有五等面有回回誓定我不食牛尓不食肉南昆哲地革令木瓜王乃南昆人不食

牂肉犬頭目是回〻人不食猪肉互相禁忌至今尚然王以銅鑄佛像名曰乃納兒起造佛殿以銅鑄苨而盖佛座傍掘一井每侵晨王至汲水浴佛拜訖令收人取黄牛死抛浄糞於銅盆内用水調簿遍塗殿内地面墻壁其所目及富家每早亦用牛糞塗擦又將牛糞燒灰研細用好布爲之小袋盛灰常帶在身每早侵晨洗面取牛糞灰水調搽其額并兩股其間各三此次爲敬佛之誠傳之昔有一聖人名些〻立教化人皆欽從以後某些因往地處所令其弟撒没黎掌管教人其地心起矯妄鑄一金犢曰此是聖主敬之即有靈驗教人聽命從敬其牛常糞金人得金皆以牛爲真主後某此回還見衆人彼弟誑惑遂廢其牛欲罪

其弟已騎一大象遁去後人懸望其回至今望之不絕南毘人敬象由故也王有大頭目掌管國事俱是回回人國人皆奉回回教門禮拜寺有二三十處七日一次禮拜至日本家齋沐諸事不理巳午時大小男女但到礼拜寺拜佛至未時方散回家纔佐買賣交易等事人甚誠信其二頭目受

朝廷陞賞若寶舡到彼全憑二人爲主買賣王差頭目并哲地未訥几即書算官牙人等會領舡大人議擇某日打價至日先將帶去錦綺等貨逐一議價已定隨寫合同價數各收其頭目哲地即與内官大人衆手相拿其牙人則言某年月日交易於衆中手拍一掌已定或貴或賤再不悔改後哲地富戶將寶石珍珠

珊瑚等貨來看議價非一日能定快則一月緩則二三月若價錢較議已定如買一主珎珠等物該價若干是原經手頭目未訥几計筭前還紵絲等物若干照原打手之貨交還毫釐無改彼之筭法等盤無則以兩手并兩脚廿指計筭分毫無差王以六成金鑄錢行使名曰吧南官寸三分八重面底有汶重官秤一分又以銀子爲小錢名荅兒每个約重三重零用此錢衡法每畨秤一錢該官秤一斤九兩六錢其畨秤名曰法剌失秤之權釘定於衡末秤準則活動於衡中起提手爲定盤星秤物則移準向前止可秤廿斤該官秤一十六兩秤香貨之類二百斤畨秤爲一畨荷該官秤三百二十斤若秤糊椒二百五十斤爲一播荷該官秤四百斤巨細

之物多用天下對其量法官鑄銅爲升行使番名黨戞黎每升該官秤一斤六合西洋布本國名曰撦黎布出於隣境坎巴夷等處每疋濶四尺五寸長二丈五尺賣彼處金錢八箇或十箇國人亦将香絲練染成各色織間道花巾濶四尺五寸長一丈或二三丈尺除每條賣金錢一百箇胡椒山鄉住人置園多種到十間月椒熟採摘曬乾而賣自有收椒大戶收買上官庫盛貯着有買者報與發賣見數計算稅錢納官每胡椒一播荷賣金錢二百箇其晢地多收買下各色宝石珍珠并做下珊瑚等物各處番舡到彼王亦差頭目并寫字人來眼同而賣亦取稅錢富家則種椰子樹或千株二三十千株爲產業其椰子有十般取用

嫩者有漿甚甜好喫老老又好釀酒老者挪肉打油做糖或做飯喫外包穰打索造舡椰殼為碗為酒鍾又好燒火打廂金銀細巧生活好造屋葉堪蓋屋蔬菜有芥姜蔔蘿葫荽葱蒜胡蘆茄子菜瓜東瓜有又有一等小瓜如指大長二寸如青瓜之味其葱紫皮如蒜大葉小秤斤而賣芭蕉子波羅蜜廣有賣者木鱉子樹高十餘丈結如大綠柿樣內包其子三四十箇熟則自落其蝙蝠如鷹之大都在此樹上倒掛而歇米紅白皆有麥大小俱無其麵麥皆從他處販來雞鴨廣有無鵝羊脚高灰色似驢駒之樣水牛不甚大黃牛有三四百斤者不食其肉只食其乳酪酥油人無酥酒不喫飯其牛養至老死埋之各色海魚極賤

鹿兔亦有賣者人家多養孔雀禽有烏鴉鷹鷺鷥燕子

其餘飛鳥並無行街亦會彈唱以葫蘆殻為樂器紅銅絲

爲絃唱番歌相同而彈音韻堪听族婚喪之礼鎖俚人回回人

各依本等体例不同其国王位不傳子位傳與外甥外甥之故

止論女腹所生為嫡族其王若無姐妹傳之與弟再看無弟外

與有德之人世代相仍如此王法無鞭笞之刑輕則截手斷足

重則罰金誅戮甚則沙封滅族人有犯法者拘之到官即服其

罪若事冤枉不伏者則於王前或大頭目前置一鉄鍋盛油四

五十斤煎滾其油洗以樹葉投之油内試之爆烈有声遂命其

人以右手二指煠於油内片時待焦取出用布包裹封記監留

在官三日後聚衆開封視之若手爛潰其事不枉即以加刑若手如舊無損即釋之頭目人等以鼓樂礼送此人回家諸親隣交鑽礼相賀飲酒作樂最爲奇異用赤金五十两合番匠抽如髮細絲結挽成片以各色寶石珎珠廂成寶帶一條賞頭目乃那進獻於　朝廷

溜山國

自蘇門荅剌國開船過小帽山投西南行好風行十日到其國番名幹無城廓倚山居住四圍皆海如洲渚一般地方不廣國之西去程途不等海天生石門如城闕樣有八大處各有其名曰沙溜人不知溜起來溜麻起來里奇溜加半年溜加七溜安都

里溜官場溜此處皆有所生而通商船再有小窄之溜傳云三千有餘所謂弱水三千正此處也其間人多巢居穴處不識米穀但有蝦魚而食不解穿衣以樹葉盖其前後設遇風水不便舟師失針舵船過其溜落瀉水漸無力而沉沒大槩船行經防此也牒幹國王頭目民庶皆是回回人風俗淳美所行悉遵教門規矩人多以魚爲知種椰子樹爲業男女体貌微黑男子布纏頭下圍手巾婦人上穿短衣下亦以濶布手巾圍之又用濶大手巾過頭遮面婚喪之礼悉依教規而行土産降香不廣椰子甚多各處來收買往別國貨賣有等小樣椰子殼彼人鏇做酒鍾以花梨木爲足用番漆漆其口是標致可用其椰子

外包之穣打成粗細繩索惟稍成屋別處番船亦来收買販往別國賣與造船等用其造番船不用一釘其鎖孔皆以索縛加以木楔然後以番瀝青塗之龍涎香其漁者常於溜處採得如水浸瀝青之樣嗅之不香火燒腥氣價高貴以銀對易海𧴩彼人積採如山罨爛内肉轉賣暹羅榜剌葛國當錢使用其馬鮫魚切成手臂大塊淡曬乾倉屋收貯各國亦来買販他處賣之名曰溜魚又織一等絲嵌手巾甚密實長濶絕勝他處所織一等織金方帕男子纏頭可用其價有賣銀二兩之貴者其氣候常熱如夏土瘦少米無蔬菜不廣牛羊鷄鴨皆有餘無所出國王以銀鑄錢使用國宝船一二隻亦往此處收買龍涎香椰子等物

乃小邦也

祖法兒國

自古里國開船好風投西北行晝夜可到其國邊海倚山無城郭東南大海西北重山国王国人皆奉回回教門人物長大体貌豐偉語言朴實王者之扮以白細番布纏頭身穿青花如指細絲嵌圜頭或金錦衣袍足穿番靴或浅面皮鞋出入乘轎騎馬前後排烈象駝馬隊牌手吹篳頭鎖捺葵擁而行民下所服冠衣纏頭長衣脚穿靴鞋如遇礼拜日上半日市絕交易長幼男女皆沐浴畢即將薔薇露或沉香香搽面及体總穿齊整新淨衣服又以小土爐燒沉檀俺八兒等香立於其上熏其依体纔到

礼拜寺礼拜畢各散經過街市香 半晌不散婚喪之礼遂遵
回匕教規而行土產乳香其香乃樹脂也其樹似榆而葉尖長彼
人砍樹取香而賣中國宝船到彼開讀賞賜畢王差頭目遍諭
国人皆將其乳香血竭蘆薈沒藥安見香酥油木鱉子之類
來換易紵絲磁器等物此處氣候常如八九月不冷米麥豆粟
黍稷麻穀及諸般蔬菜茄瓜牛羊馬驢猫犬鷄鴨皆有山中
亦出駝鷄土人捕捉來賣其身匾徑頸長如鶴脚長高三四尺
每脚只有二指毛如駱駝喫菉豆等物行似駱駝以此名爲駝
鷄其駱駝單峯双峯俱有人騎坐街市殺賣其肉国王以金鑄
錢名倘伽每箇重官秤貳錢徑一寸五分面有文一面人形之文以

紅銅鑄為小錢徑四分零用此錢国王亦光人将乳香駱駝等物進獻
朝廷
阿丹國
自古里國開船投正西兑位行一月可到其國邉海山遠國民
富饒國王國人皆奉回回教門説阿剌壁言語人性絶梗有馬
步鋭兵七八千所以國勢强盛隣邦畏之永樂十九年
欽命正使太監李　等齎　詔勑冠衣賜其王酋到蘇門荅剌國分
䑸内官周等駕宝船三隻往彼王聞其至即率大小頭目至海濵
迎接
詔赏至王府礼甚尊敬咸伏開讀畢王即諭其國人但有珎宝許令

賣易其時在彼買到重二錢許大塊猫睛石各色雅姑等異宝大顆珎珠珊瑚樹高二尺者數株其珊瑚枝珠五匱金珀薔露獅子麒麟花猫鹿金錢豹駝鷄白鳩之類国王之扮頭帶金金冠身服黄袍腰繫宝粧金帶至礼拜日去礼拜寺礼拜換細布番布纏頭上加金錦之項身服白袍坐車列隊而行其頭目各冠帶有等第不同各人穿扮男子纏頭穿撒哈剌梭幅錦綉紵絲細布等衣足着靴鞋婦人之扮身穿長衣肩項佩珠瓔珞如觀音之扮耳帶金廂宝環四對臂纏金宝釧鐲足指亦帶指環又用絲嵌手巾盖於項上露其面凡國人打造入細金銀生活絶勝天下市賜混堂并熟食採帛書籍諸色物件鋪店皆有王

用赤金鑄錢行使名曰倘伽每箇重官秤一錢底面有文又用紅銅鑄錢名曰倘伽斯零用此錢其地氣候温和常如八九月日月之定無閏月惟以十二月之大小看頭花見新月明日即月一也四季不定自有陰陽人推算其日爲春首後果花木開榮其日是初秋則木葉凋落及年日月交蝕風雨潮汛無不准者人之飲食米麵諸品皆有多以乳酪酥油糖蜜因造而食米麥谷粟麻豆并諸色蔬菜俱有菓有萬年棗扒子把擔乾蒲萄核桃花江石播桃杏之類象駝驢騾牛羊鷄鴨犬猫皆有上無猪鵝此處綿羊白毛無角處有兩搭圓黑其頸下如黃牛袋一般毛短如狗尾大如盤民居房屋皆以石砌上蓋以磚或土有石砌三

層高四五丈様屋者土產紫檀木薔薇露詹蔔花無核白蒲萄并花福鹿青花白駝鷄大尾無角綿羊其福鹿如騾子様白身白面眉心細細青條花起滿身至四蹄條間道如畫青花白駝鷄如福鹿一般麒麟前兩足高九尺餘後兩足高六尺頸擡頭高一丈六尺首昂後低人莫能騎頭生二短肉角在耳邊牛尾鹿身蹄有三路遍口食悪豆麵餅其獅子身形如虎黑黃無斑頭大口闊尾尖多黑長如纓声吼如雷諸獸見之伏不敢起乃獸中之王也其國王感荷

聖恩持進金廂宝帶二條金絲珎珠宝石金冠一頂并雅姑等各宝石地角二枚修金等物進献

朝廷

榜葛剌國

自蘇門荅剌國開船取貌山并翠藍島投西北上好風行二十日先到淛地港泊船用小船入港五百餘里到地名鎖納兒港登岸西南行三十五站到國其國有城郭其國王并應有大小衙門皆在城內其國地方廣濶物穰人稠舉國皆是回回人民淳俗善富家造船常往諸國經營者多出外傭技者亦多人之容貌男女俱黑閒有白者男子剃髮以白布纏之身服從頭套下圓領長衣下圍各色濶布手巾足穿淺面皮鞋其國王并頭目之服俱依回回體制冠衣甚整國語多榜葛俚自成一家言語說巴

兒話者亦有之國王以銀鑄錢名曰倘加每箇重官秤三錢徑一寸二[illegible]底面有文一應買賣皆以此錢論價街市零用海𧴩番名考黎亦論箇數交易民俗冠婚喪祭皆依回回教門四時氣候常熱如夏稻穀一年二熟米粒細長多紅者粟麥芝麻各色荳黍薑芥葱蒜瓜蔬菜有菓有巴蕉子酒有三四等椰子酒米酒樹子酒茭蔁酒各有造法多作燒酒而賣人家無茶客至以檳榔啖之街市一應鋪店浴堂酒飯甜食等肆俱有菓有波羅蜜酸子石榴甘蔗砂糖霜糖糖菓蜜煎姜之類有駝馬驢騾水牛黃牛山羊綿羊鷄鴨猪鵝犬猫等畜土產五六樣細布一樣蓽布番名卑泊闊二尺餘長五丈六七丈比布匀細如粉箋一般樣

姜黄布番名蒲者提潤四尺許長五丈餘此布紧密壯實一樣沙
納巴付潤五尺長三丈便如生羅樣即布羅也一樣忻曰勤荅
黎潤三尺許長六丈布眼稀勻即布沙也皆用此布纏頭一樣沙
塌兒潤二尺五寸長四丈餘如好三梭布一般樣驀嘿驀驀勤潤四
尺許長二丈餘此月皆起絨頭厚四五分即兜羅錦也桑蚕絲
雖有止令織絲嵌手巾并絹　成錦添器盤碗鑌鐵鎗剪等器
皆有賣者一等白紙亦是樹皮所造光滑細膩如鹿皮國該官
杖徒流等流官品衙門印信行移皆有軍亦有総粮鈞管軍頭
目名曰吧廝兒陰陽醫卜百工技藝皆有其行衍身穿挑黑線
布白花衫下圍色絲手巾以各色硝子珠間珊瑚琥珀珠穿成

纓絡佩於肩項又以青紅硝子燒成鐲釧帶於兩臂人家宴飲此輩亦來動樂口唱番歌對舞亦有拜數有一等人名根肖速魯柰即樂工也每日五更時分頭目或富家門首一人吹鎖捺一人擊小鼓一人打大鼓初起則慢自有拍調後漸緊促而息又至一家如前吹擊而去至晚特仍到各家與酒飲或與錢物撮弄愽戲諸色皆有又有一人同其妻以鐵索拴一大虎在街市牽拽而行至人家演弄即解其索虎坐於地其人赤體單裙對虎跳躍拽拳將虎踢打惟發作威咆哮勢撲其人與虎對顛數交其人又以一臂伸入虎口至其猴虎不敢咬弄畢仍鎖虎頸虎伏於地討食其家則以肉啖之及與其人錢物而去日月之定亦以十二个月爲一年無閏月

国王亦光人往番国買賣採辦方物珎珠宝石進獻
朝廷

忽魯謨厮国

自古里国開舡投西北好風行二十五日可到其国邉海倚山各處番舡并旱番客商都到此處趕集買賣所以国人殷富其国王国人皆奉回回教門尊敬誠信每月五次礼拜沐浴齋戒必盡其誠国中風俗淳厚無貧苦之家若有一家遭禍致貧者衆皆増以衣食錢本而救濟之国人体貌清白豊偉衣冠濟楚婚喪之礼悉依回回教規男子娶妻先是媒妁已通允訖其男家則置酒請加的的者掌教門規舉之艮也及主婚并媒人親族之長者兩家各通三代

鄉貫來歷寫立婚書已定然後擇日成婚否官府如奸論罪如人死之家便用致細白蕃布番爲大殮小殮之衣用瓶盛淨水將屍從頭至足澆洗三次既淨則以麝香片腦塡屍口鼻纔服殮衣貯報內隨即便埋其墻以石砌穴下鋪淨沙五六寸擡報至彼則去其報上將屍放石窩上石板蓋定加以淨土厚築墳堆甚堅整潔人之飯食必以酥油拌煮而食市有燒羊燒鷄燒肉薄餅哈里撒一應麵食皆有賣者二三四口之家皆不舉火做飯正食買熟而吃國王以銀鑄錢名曰那底兒徑官寸六分面底有文重官秤四分通行使用書記皆是回回字其市肆諸般鋪店百物皆有止無酒館國法飲酒者棄市文武醫卜之人絕勝他處各色技藝皆有撮弄博戲

皆不爲奇一樣羊上可笑可哭也其技用木一段長一丈許物上頭乘止可容羊四蹄將乇木值立於池內另用一人扶定其人引一白小羖羊拍手念誦其羊衣拍鼓舞走迎其木先以前兩足搭定其木頭又將刃後足一縱立於木上又一人將木一段於羊蹄前扶之其羊又將前刃腳搭上木頭隨將後兩腳縱起人即扶其木於對中其羊立於木上似舞之狀又將木一段攢之連上五六段高二丈許然後於中雄斷其木人以手接拜其羊又令卧地作死之狀令野其前腳則舒其前令舒後腳則舒其後又有人將一人黑猴高三尺許演弄諸般本事了然後令一閑人將巾帽之類緊縛其猴刃眼別令一人潜打猴頭下了避之後解其縛令尋打頭者於千百人中徑出原打之人甚可怯也

其地氣候寒暑春則花開秋則落葉有霜無雪雨少露多有一大山四面出四樣之物一面如海邊所出之鹽紅色人用鉄鏨如打石一般鑿起一塊有三四百斤者又不潮湿欵用則搗碎爲末而食一面出紅土其色紅若銀珠一面出白土如石灰可以粉墻壁一面出黄土如姜黄之色俱着人守看各處自有人来買取為用土産米麦不多皆有各處販来賣其價不貴賤菓有核桃把晡松子石榴葡萄乾花紅桃乾茶年棗西瓜菜瓜葱韭薤蒜蘿蔔等物却有其瓜甜甚大高二尺者胡蘿蔔等物紅色如藕大至多挑核殼薄白色手捏即破松子長寸許葡萄乾有三四樣一樣如棗乾紫色一樣如蓮子無核結霜白一樣如白豆粒大圓顆略白把晡子菓似核桃樣略尖長毛色白内仁

味勝核桃石播如柰鍾大花紅有拳大甚香美萬年棗亦有三様一様
番名榮沙布每斤有拇指大核小自結其霜如沙糖感甜難喫一等
按爛盛一㪷十斤大塊如好柿餅軟棗之味一等乾者如南棗畧大
味頗澀彼人伈來喂牲口此處各番寶舡物皆有如紅雅姑青黃雅
姑剌石祖把碧祖母猫睛金鋼鑽大顆珎珠若龍眼重一錢二三分者
珊瑚樹珠并枝梗大塊金珀珠神珀蠟珀黑珀番名撒白值各色美
玉器皿水晶器四十様錦剪絨花單其絨起二三分長二丈濶一丈
各色按幅撒哈剌𧜟羅𧜟沙各番青紅絲嵌手巾之類皆有賣
者駝馬驢騾牛羊廣有其羊有四様一等大尾綿羊每箇重
七八十斤其尾濶一尺如拖地重二十餘斤一等狗尾羊如山羊様其尾

長丈許一等閗羊高二尺七八寸前半截毛長拖地後半身皆淨其頭目面似綿羊角灣轉朝見上帶小鉄牌行動有声此羊快閗好事之人喂養在家閗賭財物爲戲又出一等獸名草上飛番名昔雅鍋失有大猫大渾身儼似玳瑁班猫様兩耳尖黑性純不悪若獅豹等項猛獸見他即伏於地乃獸之王也国王将獅子麒麟馬疋珠子宝石等物并金葉表文號頭目根同回洋宝舡進献 朝廷

天方國

即默伽國也自古里國開舡投西南申位舡行三箇月到本國馬頭番名秩達有大頭目主守自秩達往西行一月可到王居之城名默加國其回回祖師始於此國闡闡敎法至今國人悉遵教規行事不敢

有遠其國中人物魁偉体貌紫膛色男子纏頭穿長衣足着皮鞋婦人俱戴盖頭不見其面說阿畢言語國法林示屋民風和美雖貧難之家悉遵教規犯法者少城為極樂之界婚喪之礼皆以教門体例而行再行大半日之程到天堂礼樂寺其堂番名愷阿白外週垣有城有四百六十六門〻之兩傍皆用白玉石為柱共有四百六十七介前計九十九个後計一百一个左計一百三十二个右計一百三十五个其堂以五色石壘砌四方平頂樣內用沉香木五條採以黃金為閣滿堂內墻壁皆是薔薇露龍涎香土為之馨香不絕上用皁紵絲為罩之畜二黑獅守其堂門每年十二月十日各番回〻人一二年遠路的也到堂內礼拜皆將所罩紵絲割取一塊為記念〻

而去剜割既盡其國王頛織其罩復又罩之年年不絕堂之左司馬儀祖師之墓其墳壠是綠撒不泥宝石為之長一丈二尺高三尺闊三尺為墳之墻以洋黃土壘砌高五尺餘城內四角造四塔每礼拜即登叫礼左右兩傍有各祖師傳法之堂亦以石頭壘造整飾華麗地氣候常熱如夏並無雨電霜夜露甚重草木皆憑露水滋養夜放一空碗盛至天明有三分在碗底土產米谷甚少皆種粟麦黑黍瓜菜之類西瓜甜瓜每个用二人擡者亦有一樣花如中國桑樹高二三丈其花一年二收長生不枯菓有葡萄萬年棗石榴花紅梨子桃子皆有大者重四五斤者其駱駝馬驢騾牛羊猫犬鷄鴨鴿亦廣鷄鴨有重十斤以上者土產薔薇露俺八兒香麒麟獅子

駝鷄羚羊草上飛并各色寶石珍珠珊瑚琥珀等寶國王以金鑄錢名曰倘伽街市行使每个徑七分重官秤一錢比中國金有十二成色又往西行百到一城名驀底納其馬哈麻祖師陵寢正在城內至今墓上毫光日夜侵雲而起墓後有一井水水清甜名曰阿必糝三分番之人取其水藏舡內過海倘遇颶風即以此水灑之風浪頓息宣德五年蒙
聖廷命差內官太監鄭和等往各番國開讀賞賜分䑸到古里國時內官太監洪卜去么等見本國差人往天方國就選差通事人等七人賫帶麝香磁器等物附本國舡隻到彼往回一年回到各色奇貨異寶麒麟獅子駝鷄等物并畫天堂國真本回京其天方國王亦差使人將方物跟同原去通事七人貢獻於 朝廷

越南游歷記

越南游歷記

一卷

〔清〕嚴璩 撰

清光緒三十一年鉛印本

呈文

竊職道等於本年三月間奉

出使法國大臣孫　奏派前往越南各處游歷攷察商情并往晤法國越南總督鮑渥催減免華商身稅當於三月間由法起程四月杪行抵海防五月半行抵河內十三日晤及鮑渥當面催將一切華人身稅及各項歐人所不納捐稅一切蠲免以符舊訂照最優待之國款待之條鮑稱身稅一項征收以來已二十餘載推其本意實由中越壤地相接良莠不齊不得不藉此以資稽察且華人勤儉耐勞不恥惡衣惡食所有積蓄卽以寄家而歐人飲食居處素優用費自巨由是觀之卽有各項捐稅

適足相抵至於今日已成進款大宗欲覓他項相抵實非易事當告以身稅及他項捐照於行旅尤爲不便四五年後滇越鐵路告成不特於華民生計有損卽於東京各處商務之發達亦大有影響且華人不恥惡衣惡食無非自行刻苦何損於歐人如以其少有積蓄而加重捐撥之公理無乃未合法與日本之交誼不遜於中法乎然自甲午以來日本人僑寓越南者無身稅矣飽稱日本人在此者爲數有限又中等以上人多而工作服役者更少並非親日本而薄中國請俟清查後再議隨卽告以既蒙許諾或蠲除或大減之處仍望貴大臣念兩國交誼盡力斡旋但婦孺身稅更爲不便又各項捐照歐人所不納者均

爲數無多必能悉數豁免該總督業已許諾職道等五月杪至雲南邊界六月初過諒山入龍州六月半行抵西貢七月初回國至粤閩二省先後謁見

署兩廣總督部堂岑

署閩浙總督部堂崇俱將華商情形一切詳稟查越南一國自歸法屬後商務日有起色最發達者莫如西貢隄岸海防河內四埠統計華人不下十餘萬人而西貢隄岸二埠開闢最早其發達亦較盛於他處職道等遵

孫使憲訓條到處接晤華商均以設商會立學堂爲言海防河內二埠均以無款爲辭卽西貢隄岸二處富足華商較多初亦

設辭推諉職道等勸導至再粵屬廣肇嘉應州海南各商始肯照辦公舉西貢埠安昌號李祐宗爲南圻商會正董事隄岸怡昌號李澤祥南隆號劉藹春爲副董事其正董事一人業經職道等帶同往見西貢邑長蓬尼亞瀕行時復囑該商董等隨時將各項商情稟報

大部并與中國各口岸商會按期通信以冀商情接洽不至壅塞不通再查旅越華人本無上等教育法人種族之見至深時存藐視之意身稅及各項捐照無論外卽遇訟案未免存偏袒之心而我僑民不知自愛甘居人下受歐人侮辱者亦復不少卽有一二稍知自好之士欲與彼族爭執公理無如越南各埠

並無我國政府代表人爲之主持今日之計自以設領事爲最急如按照舊約在海防西貢二埠各設領事一員駐海防者兼轄東京所屬各埠駐西貢者兼轄南圻所屬各埠於僑民實大有裨益是否有當伏候

酌奪施行須至略摺者

光緒三十一年十月奏派游歷越南等處駐法參贊江蘇補用道嚴璩候選主事恩慶謹呈

法屬中印度紀略

法屬中印度幅員計共三十六萬七千方邁分爲五部一東京二安南三南圻四老撾五柬蒲寨即真臘歸一總督節轄除南圻設一副督外各部各設都護使一員統計駐兵二萬六千五百六十二人計歐兵一萬九百零一人土人兵一萬四千九百七十五人歸一提督節制其度支取之於海關政府專利間接捐郵電鐵路等款一千八百零四年所有進款估爲三十二兆二十九萬五千元用款亦然其養兵之費由巴黎政府估核籌助者計三十三兆二十五萬二千五百四十二佛郎云

一千九百零二年中印度鐵路之已承領及已築成者計共一

千零十邁

一由海防至河內計長六十邁已造

由河內至物池計長三十八邁已造

由物池至保勝計長一百六十三邁將次完工

二由河內至南定計長七十二邁已造

由南定至宜安計長一百三十邁已造

三由會安至順化計長六十五邁已動工

由順化北上至廣治計長四十三邁已勘

四由西貢北上至甘化計長四百零四邁已勘

五由西貢至美萩計長五十八邁已造

所有鐵路俱係政府產業戊戌年中國政府許與承造雲南省至老街鐵路之權、計長二百三十邁、其詳細之約已於甲辰年春間在北京畫押、法商中印度銀行另集公司股本四兆四萬鎊向法政府承攬刻已陸續興工

中印度各部電報所通者計七百三十四邁計用電線一萬七百十五邁之長電報局計二百七十五所德律風線各處統計長八十邁云

中印度銀行成本計二十四兆佛郎與政府約明在一千九百二十年之內可在中印度及新嘉利當各島（法屬在澳洲之東）承攬各項工商之業

中印度一律用銀其銀錢計有四種曰一元、曰五角曰二角、曰角每元重二十七格蘭蒙（約合七錢二分）內有淨銀九成自一千八百九十八年以來所鑄半元二角一角銀錢每個中僅有淨銀八成零小數三五而已自一千八百七十九年至一千九百零二年所鑄銀錢計六十五兆九十萬八千八百三十六元銅錢計有兩種、一百錢爲一元、一三百七十五錢爲一元此間無鑄局悉歸巴黎國家鑄局承鑄

一千八百八十七年法屬安南東京柬蒲寨三部歸一海關管理一千九百零二年進口貨計二百十五兆十六萬一千九百九十八佛郎內由法國來者計一百零八兆二十二萬二千四

在越南全人口二千二百萬人中華僑民只佔百分之一約二十餘萬比馬來和暹羅的華僑合要少得多在越南的華僑又有一半以

百二十二佛郎出口貨計値一百八十五兆二十六萬六千五百八十九佛郎內往法國及法藩屬者計四十兆三十萬一千九百十佛郎船隻入中印度各埠者計九百五十四艘載重一兆十一萬九千五百四十八噸

廣州灣租於戊戌迨庚子歲巴黎政府以歸中印度總督統轄刻此灣分爲三部經營布置日起有功

東京

東京於一千八百八十四年屬法幅員四萬六千四百見方英里分爲十四府計有村落八千戶口土人七兆有奇華人三萬三千歐人三千九百崇奉天主教者四十萬人前越南王設有

上集中在西貢附近的堤岸至於北圻卻只過二三萬人其中在海防的最多大約在一萬人以上在河內不過五六千人此外東京灣內靠近[illegible]海的仙居卻是中國漁民安集地方 南行什記

總督一千八百九十七年七月法人撤之代之以都護使河內爲省會係合各村落而成戶口都十五萬人迨一千九百二年正月一日改爲中印度之京都中印度總督由西貢遷駐於此一千八百九十九年計有學堂三十八所學生一千八百人出產米爲大宗多運至香港一千九百一年計出口十五萬八百十八噸餘則有糖蔗絲木棉加非煙葉草木藥料每年所產生絲約五十萬啟羅出口者約五分之二餘歸土人自織海防河內各有紡紗廠一所海防者較大計有梭機萬六千架雇用工人六百人河內者僅有梭機一萬架銅鐵礦頗多礦質甚佳康海煤礦一千九百年出煤一十九萬四千四百四十一噸一千

九百零一年二十四萬八千二百二十二噸（倘有煤磚六萬八百二十四噸）一千九百零二年三十萬噸其工政糖絲棉油胡椒爲大宗進口者五金器具機器棉紗棉布酒礦水爲大宗出口者米獸皮獸骨其最要口岸爲海防有法公司船行二家其船常川往來各處安南東京兩處計有郵政局百十二處一千九百年所寄信件共九兆四十一萬五千八十七件一千九百零二年用款定爲四兆四十一萬元

安南

法蘭西人經營安南始於一千七百八十七年一千八百八十四年六月六日和約定而全越歸法保護矣（此約於一千八百八十六年二月二

一千八百八十九年正月三十一日十三日在順化互換阮本林繼爲越南王會安新洲廣德三埠開爲歐洲通商口岸所有海關進款悉歸法國越南職官仍分掌内政而歸法員節制地域計五萬二千百見方英里戶口六兆十二萬四千人一千九百零一年計有華人四千歐人二百五十海隅及城市之戶口皆越南人而山麓則皆貿衣部落崇奉羅馬天主教者計四十二萬人小學堂計有五所教習二十三員學生五百九十六人出產者米薏苢各項穀食桑桂煙葉糖檳榔木料竹樹膠加非染色各項草木藥料生絲一項每年所產者計三十萬啟羅以三分之一出口餘則自織牧畜一業頗興旺刻有牛羊二十一萬五千頭廣南所

屬多鐵銅金錫之鑛歸土人開探近會安有煤礦一區每年所產不下二萬五千噸樂巒有舊法鎔鐵爐一百二十座其每日出鐵塊百二十鎊進口貨以棉紗木棉茶煤油紙貨煙葉爲大宗出口貨曰桂曰糖

南圻

南圻幅員二萬二千見方英里分爲二十一府西貢爲省會駐巡撫一員刻西貢與堤岸二埠均有民政自治局送一議員入巴黎下議院居民種類叢雜一千九百零一年全數計一百九十六萬八千五百二十九人內有法人四千三百二十二人法兵二千五百三十六人土兵二千六百六十七人居西貢者計

四萬七千五百七十七人內有法人五千四百七十五人歐美人三百人堤岸居民約十三萬人一千八百九十七年計有學堂三百七十六所教習八百零四人學生一萬八千七百六十人天主教者七萬三千二百三十四人佛教者一兆六十八萬八千二百七十人耕植之地計二兆九十六萬二百十二英畝各項灌溉工程甚爲美備土產米爲大宗堤岸西貢有機器米磨公司九家每日所出之米自四百五十噸至九百噸不等此外復有機器鋸木廠二所胰皂廠二所漆公司一所出口之貨內有棉花絲革魚胡椒等物一千九百零二年出口米計八十萬一千五百噸估値五十兆四十八萬四千元

一千九百零二年進口船隻計九十九萬八千六百十九噸法公司船噸數統計在內銀行除中印度銀行外匯豐麥加利亦有分行

老撾

老撾於光緒癸巳歲歸法人保護幅員計九萬八千見方英里居民約六十萬五千人鑾布拉班爲都會居民四萬人土肥產米棉煙葉果實而楢木叢林尤夥已伐者均由湄江流往西貢礦則有金錫鉛寶石已有法人公司包攬然與土人交涉極形爲難其地多山亦難開闢通老撾者唯有湄江之水道上至康尼島而又有灘近特建一四英里長之鐵路通康尼島故小火

一般所稱為越南的是指法屬印度支那的全部，就行政區分來說越南包含着一個直屬殖民地，就是交阯支那，三個保護地，就是安南、東京、和柬埔寨。還有老撾是直屬殖民地，但中間的 [illegible]

懷的却有着土王戒
如法國保護地
如行新記

輪尙能來往刻湄江左右岸已有電線通順化西貢二處一千九百零二年歲計定爲八十三萬三百五十元其款由南圻安南東京柬蒲寨五部分認南圻約十三分之六安南東京約十三分之五柬蒲寨十三分之二

柬蒲寨

柬蒲寨又名眞臘一千八百六十三年認歸法人保護至今國王尙存幅員計三萬七千四百見方英里居民種類叢雜計約一兆五十萬人其地分爲五十七府其都會名曰金塔城南圻華人呼之曰金邊戶口五萬人海埠名曰甘浦然澳淺大船不能出入金塔城有學堂一所計有學生二百七十六人一千九

百零三年之歲計定爲二兆三萬三千六百五十三元國王及王子俸五十二萬五千元亦統計在內地宜耕植米外有檳榔煙葉糖蔗桑樹胡椒薏苡桂咖啡種胡椒者計有四千七百八十八人有稅胡椒計八十八萬五千八百五十株尚有一兆三十三萬株以樹未長成尚未加稅計每年所產胡椒七十五萬啟羅（每啟羅合二十四兩）出口之貨均由西貢以米醃魚棉花煙葉爲大宗進口者鹽酒布匹軍器

日記

四月初七日拜晏郵船昨下午由歐行抵香港今日午後登陸寓香港大旅館

初八日往法領事署晤副領事據稱正領事李葉貝抱病在家積日未來署該副領事曾在日本多年熟諳日語兼通漢文

到孖地船行貨船期

法國孖地船行開設近三十年計有輪船五艘往來香港海防船無定期或三四日或五七日不等每半箇月到廣州灣一次收取信件此外又有德國輪船亦往來香港海防等處載客裝貨亦無定期

十七日由香港登船下午一點半鐘行

十八日下午三點半鐘抵海口船停二一時許海口爲瓊島商埠每年羊豕由海口運往香港者頗多

十九日晨十點鐘抵廉州之北海據海關洋員云從前進出口貨頗有起色近因西江開爲通商碼頭市情大爲減色

二十日晨十一點鐘抵海防共計由香港逕繞海口北海二埠至此共五百八十八英海里

午後往晤海防邑長蒲勒德 Prétre 坐談逾時據云東京都護使日前已有訓條令其格外優待并云凡事如能爲力者不妨通知當竭力相助爲理渠在越已十餘稔於海防商埠發達情形知之甚悉署中管理稽查直接稅委員瑙蒙在越亦十餘年所有海防一埠華民身稅以及各項護照均歸管理所有亞細亞人除日本人及英屬印度人外均須照例納捐華人寓此者

大約皆閩廣兩省民籍二省各有幫長因詢及幫長住址渠令其繙譯陳喜（粵人）五鐘時來棧邀往申刻往晤駐紮海防總兵銜副將鮑如耳該副將年近六十在越已十二年矣於此間華人無貶辭

酉刻邑署中繙譯陳喜來邀同往晤閩幫幫長洪經邦（厦門人）洪在此已二十年開設福裕什貨店據云閩人旅海防者約共八百人婦稚在內去年福州華工承招前赴雲南抵此者計四百人至此水土不服者頗多死者已十餘人迨赴保勝而後病死者將半所餘者不及二百人經公司遣散回籍其頭目亦已逃逸流離海防一埠其無告之情實足閔悼悉經洪經邦一人代

爲供給醫藥酌給川貲回閩

廣幫長關遠德在此亦二十餘年刻居關帝廟之右廂前後供奉天后以及其他各神旅洋華民其智識之未開亦復如此關云孫星使有意令法政府蠲免身稅以及各項護照事若得成華商必深感戴又三等身稅初立時不過三元刻已加至十一元二角彼之敢於爲此亦知我輩無人保護耳

二十二日午刻副將鮑如耳來答拜

二十三日邑長蒲勒德來答拜華商鍾家祥（號錦泉）來鍾前在香港習英法文刻在此爲廣源昌船行總帳房已入法籍然仍華服未改裝也　下午駐紮龍州督辦邊防洋務隨員胡來恭來

據稱得督辦邊防大臣來函令來此照料一切
海防爲東京商埠爲閱舍河入海處近東京海灣戶口一萬八千人計歐州人一千華人五千自歸法人節轄前有土人茅屋村落存者不及十之一所有新屋均案西式建造法人開一運河以資轉需西式旅館以及肥皂廠磚瓦廠鐵廠電燈公司分立各處居然一西式最新之埠惟閱舍河多沙泥常淤淺喫水逾六邁當之船均須往康海停泊刻有挖河船多艘逐日動工工竣後實一絕好商埠一千九百零二年二月十六日前督杜美開議擬遷商埠於 Port courbet et Port Vallut 孤拔澳及光安門二處該埠雖近煤礦然火車未達定議仍以海防爲之此

間皆平原多淤澤閒舍河多小船澳及軍械所運入之貨以英法德三國爲最多東南有海濱名曰 Doson 夏間歐洲人常往海浴

二十五日午後至華商會館華人至者不下一二百人當將此次來越本意宣告渠輩俱甚踴躍俱謂法人苛待華人自甲申而後添設各項稅目逐年遞加至於今日倘不設法詰問責成蠲免後來必無底止今得出使大臣孫公爲我輩設法足見
朝廷雖未設領事未嘗一日忘我僑居海外之民實深欣幸云云

二十六日往晤駐劄海防水師官朱理亞該員年近六十曾往

中國三次幷隨同前法水師提督古巴攻圍福州基隆等處叉晤海關副稅務司施巴聞施君與華商往來頗稱和洽

二十七日下午駐紮海防水師官朱理亞來答拜

華商張家永號壽年佛山人在此已十二年開遠昌銅鐵燈色店張年僅二十九據云身稅一節能免固妙然法人理財及外交手段素精即能幸免必在華貨上加稅得此失彼正亦相等且身稅之設亦華人所自取蓋來此者賢不肖相雜間有行刦及爲竊賊者即使法政府幸從豁免後來來此華人必多未必能一一守法善後之法不可不預爲之防又學堂之設固不容已此間能籌之款每年可得三千元如能得閩粤地方官按年

津貼事當有成此間民智未開童稚俱日在街衢游蕩而其父母從不教導約束即有義學渠輩亦未必願入再令納款讀書事必不濟救之之法惟有由政府請中印度總督凡童稚十六歲以內入學讀書者將身稅一概蠲免庶渠輩有所鼓勵云又粵東東京邊界名東興者與東京法屬芒街祇隔一河法人入我中國疆場肆所欲爲無不可者我華人至芒街者一切按法律辦理如誤帶洋火一匣罰十元至數十元不等此等情形恐粵東大吏未盡周悉再旅越華人或犯罪被控或折本虧空或因事牽連此事所常有而法官吏每於未定讞之前肆用虐刑或火烙或倒懸冀取賄賂此西法所無我國官吏亦急宜設法

詰問前事已矣將來或有豸乎

順泰米棧東譚質均號植三新會人光緒元年即已來此彼時東京未全屬法華人尚能自由其總行設在香港每年運米出口不下百五十萬包大概運往日本者多自日俄開釁日本米糧銷路較旺渠有礦產在東京屬南定附近與土人定有合同所有礦產不得售與他人該礦每日出煤三噸按法國所定中印度礦律所有礦產如非法人及法屬人均不得承辦譚之所爲乃一間接辦法也

元豐盛米行經理人李春華號樹屏亦新會人在海防已十八年有分號在香港據云十餘年前出口米稅每百斤僅一角有

奇逐漸加增今已三角丁酉年某月間日本米價大漲而此間米稅增至一元二角嗣日本價跌而稅亦減

二十九日粵孀婦吳羅氏上稟言其夫早故其子名吳李生光緒二十九年年僅十五歲在海防生源號傭工十二月十五晚七點鐘即一千九百零四年正月三十一號忽有法國水師兵一名使酒持刀突入生源鋪內其子驚走水師兵追之由耳後刺死街鄰呼駭當稟明地方官將該水師兵擒押經洋醫同法官驗明尸首傷痕確係刺死無疑水師兵亦供認不諱後稟河內中印度總督祇給洋二十元未敷葬費無論報寃求爲伸雪等因

三十日副稅務司施巴送一千九百四年海關華貨來貨表談次言及寓此華人無政府爲之保護每每受人欺淩其情狀甚爲可閔華人有時覓律師爲之作書每一封索價一二百元不等又越屬某海灣華船捕魚者約八十餘艘受苦情形亦時時聞之總而言之存種族之見侮淩華人者多彼雖主持公道爲華人執言無如衆口咻咻無從得直且職處稅司於地方上事亦愛莫能助急宜設立領事以保護之云云

五月初一日（六月三號禮拜六）閱海防紡紗廠其總理名麥秀英人也廠設海防近七年矣本辦二百萬佛郎內有梭機一萬六千架僱用越南工人六百名（女工最多）每人工作早五點半起十一點止下

午十二點起六點息工每一女工每日工食貳角伍分土產木棉不足多由印度來所出棉紗每一大包計重二百啟羅按時價值英金十六鎊約合洋百七十元每年運往雲南銷售者甚夥

初二日永萃泰號東程孔之年已五十八歲粵人來此二十八年矣所辦之貨以藥材茶葉爲大宗越南人醫藥仍用中國舊法中國藥材來者以川芎白朮當歸茯苓生地甘草白芍爲最多東京未屬法之前每年進口者約十萬擔約值百萬元現每年約二萬擔約值三十萬元藥稅一項前每百啟羅納三十佛郎刻加至六十佛郎矣

鴉片與鹽爲中印度政府獨售之物鴉片分大土滇土二種大土銷路每年百四十萬兩滇土約百萬兩所値每年約七百餘萬元大土煙膏每兩售洋三元四角滇土煙膏每兩二元五角華茶來此者每年約百餘擔每斤値一元三角所銷者龍井蓮心烏龍三種而已常用茶皆安南土産每斤値銀一角四五分之譜

初四日晚各華商聚議設商會立學堂二事在場者計有順泰號東譚植三廣新源號梁盤三廣東幫長關遠德元豐盛號總理李樹屏永萃泰號東程孔之華商會館繙譯（衆此間巡捕房繙譯）魏其芬廣源昌船行總帳房鍾錦泉諸人鍾錦泉魏其芬充譯員謂

我華商旅海防多者三十年少者亦十餘載從未有華官來此過問公等此來實深感激但學堂商會之設一時未能決議圖之異日可也又呈稟一扣其中所述者大旨謂身稅之設彼法實歧視我華如不能悉數蠲除能將婦孺一項豁免亦佳

海防商會之不得立其故厥有三端　一衆商意見不合也海防一埠粵人四千泉漳八百卽其中大商家而論已有四五黨各存意見其小更無庸論　二華商旅居異國從無上等商業教育雖有三五稍達時務之流而不識商會爲何物不知商會爲何用者居其大半與談此等有裨大局有資公益之事彼直漠然反謂多事糜費　三不肖華人素以此間

地方官威力脅使同胞以爲私利商會一設則華人有所依賴而彼輩失其個人之私權故從中阻撓不遺餘力事本不易成復經此輩恐嚇阻撓更無所望

華人往滇桂二省取道東京各處者須請法地方官領給護照每張十五佛郎官員亦然此係三年法領事方蘇雅所創

五月初八日往看作塞門得土廠其總辦名巴里頁廠設在海防五年矣資本二百萬佛郎工人多越人約六七百名中有華人五名充當機器師每人每日工資一元許每日所出之土約一百噸半皆銷售越南各處出口者實屬有限刻每噸七十五佛郎如多購尚可折扣

初十日廣東幫長關遠德暨廣源昌船行總買辦鍾家祥來交出摺略一扣具陳身稅情形及華人運柩回華醫生索費各等情

十一日午後一句鐘由海防行計火車行不及四句鐘於四點三刻抵河內雲南游學生十餘名在車站迎候大雨驟至因即驅車前往密托溥旅館海防河內鐵路長計百零三法里途中所過小車站十八將至河內時過一大橋長一千八百邁當係杜美任中印度總督時所造因名爲杜美橋聞此路於一千九百零二年告成

十三日廣東幫長吳達邦中西文學堂監督江禮基來見

下午四點鐘晤中印度總督鮑渥言及僑寓華民身稅過苛此外尚有各項捐照歐人所不納者此番駐法孫大臣奉　命派等前來申請悉數蠲除以符乙酉所訂照最優待之國款待之條貴大臣前充駐華公使於兩國交涉無不和平辦理我華人素所佩服如能一切蠲免則感激者不獨僑寓華民已也鮑總督云身稅征收以來今已二十載揆其初始實由壤地相接良莠不齊不得不藉此以資稽察且華人勤儉耐勞不恥惡衣惡食所有積蓄卽以寄家至於歐人飲食居處素優用費自巨由此觀之卽有各項捐稅適足相抵至於今日已成進款大宗欲覔他項相抵實非易事當告以身稅以及他項捐照於行旅

尤爲不便四五年後滇越鐵路告成如不蠲除不特於華民身計有損卽於東京各處商務之發達亦大有關繫且法與日本之交誼不遜於中法乎然十餘年來日本人僑居中印度者無身稅矣鮑云日本人爲數無多又中等以上人多而工作服役者更少非親日本而薄中國也請俟清查後再議隨卽告以旣蒙許諾或蠲除或大減之處仍望貴大臣念兩國交誼盡力斡旋但婦孺身稅更爲不便又各項捐照歐人所無者均爲數無多當能設法悉數豁免鮑云此二項當卽飭員提查分別盡力減除時已將五句鐘因卽告辭而去

河內爲東京首邑蓋越南王讓與法人者杜美爲總督時由西

貢遷都至此有地方自治局居民六萬七千五百人歐人三千華人二千五百依紅河爲城市越人房舍亦皆以磚建成逆旅銀行公家花園悉備所有街路俱歐洲新式駐中印度總督一員尚有越南王所派東京總督一員關係越民之事由東京總督會商法官辦理近已成爲東京工商總會之區雲南進出口貨物俱由此過舊城建於耶穌降生後七百年土人呼爲格素格素者市場也一千八百七十三年十一月十九號法將嘉尼意奪而有之與越立約後復以歸越一千八百八十二年四月二十五號法統帶李維意復奪之歸法人僅二十年一切規模大備工政則有紡紗廠紡絲廠火柴廠造紙廠釀酒廠燒磚廠

越人之工政則以鑲刻器具絲業寶石首飾銅鐵器等

十五日福建幫長洪宗泉副幫長鄭旺暨閩商三人來見中印度副總督濮柔尼君中印度陸軍總統薛華理君東京都護使傅勒士河內邑長苟泰雲南鐵路代理總辦杜彭德俱來答拜

閱河內中印度造煙廠其總辦名法福洛該廠開工僅三年所造者分紙捲雪茄煙絲三種每年用煙葉五百噸分銷中印度雲南廣東各處內用廣東工人十餘人越南女工數十人該廠開設未久規模尚小後來尚能大加擴充云

河內紡紗局創於一千八百九十七年近因虧折暫停刻正修

理擬數月後再行動工計有梭機一萬四百個其總辦名美爾據云開工後所用越南女工約須三百人每日工錢自一角四分至二角不等每日所用木棉約須十巴爾（每巴爾合一百八十啟羅）土產棉質不佳須羼用美國中國之木棉且此間天氣潮溼所有木棉均須烘乾方能取用如有華人願入股或代爲在中國各國口岸分銷該公司必甚踴躍廠中紡紗機悉由英之奧爾登省運來

十六日早至福建會館商家在場者約二十餘人與談商會學堂渠輩以人少款絀爲辭據云此間泉漳人僅二百餘人

十七日閱河內釀酒廠其總辦名方登內有釀酒米鍋十個每

華人到埠以後[illegible]論何等職業均須納人頭稅[illegible]稅[illegible]列表如下：
[illegible]
以上正稅[illegible]
[illegible]
調查[illegible]記

鍋可貯米二萬啟羅按日輪流蒸釀每日可出八十桶計重二萬啟羅所有工人約三百名據云釀酒精之法與中國略同唯用中國法多棄物設百啟羅之米刻能釀出酒精百理脫如用中國法僅六十理脫而已叉用新法用人多而糜費少在華用二千人如按西法一百五十人足矣所產專銷安南土人該廠亦釀紹興酒

十九日粵東華商公讌於東興園

二十日早鮑督由六點十分鐘火車前赴海防登舟因至車站送別法官自中印度副督濮柔尼中印度陸軍總統薛華理以下俱至此外尚有越南舊督三人云

洋火廠舊爲法人所設以逐年虧折租與華人接辦今已十年原約期限已滿刻又展限五年法人舊股八十五萬佛郎今承辦者乃華人公司其股東名氏如下

譚亞枝 廣東東莞人 股本 一萬一千元

梁成泰 東莞人 股本 八千五百元

李梅石 東莞人 股本 七千元

董家勤 廣東三水人 股本 八千五百元

江梓山 股本 五千元 董江二人已入法籍

巴㖠 法人 股本 一萬元

計每日所出洋火約十五萬盒每盒成本約合墨銀半分洋火

盒及火柴俱係越南所產價每一立方邁[illegible][illegible]艮廿六元工人三百男女參半女工每日一角五分或一角[illegible][illegible][illegible]頭則用華人每月工食八十元所有各機概由法國運來[illegible][illegible]而

二十二日中印度海關及內地釐稅總辦格來薩回法[illegible]至車站送別

午刻由河內附火車來安拜其車票係鐵路總辦杜本德所送河內安拜相距路程一百五十法里下午六鐘告至當經安拜邑長杜麻德派譯員及馬車在車站迎候並延至邑署暫寓復經招飲座客有駐安拜遊擊醫官及中印度總律師諸人

二十三日安拜華商幫長鄭英豪同華商十二人來見此間華

人約七十餘人（粵五十閩二十）不分閩粵歸一幫長辦事其生意以轉運及什貨爲大宗據云邑長待華民素優最大商號所納招牌稅不過三等從未勒令繳納一二等之稅計納三等者有二十家云

安拜在羣山之中依紅河爲市兩岸樹木叢蔚四望皆碧近日常雨河流驟漲小輪船可達保勝土人約萬人華人旅居爲商者約七十人駐戍兵一營刻因鐵路工程未竣所有滇越及安拜至保勝鐵路材料悉堆集此處分期由紅河轉運而北故目下商情頗爲興旺

午後往晤遊擊柯百福柯來此已年餘再三個月即受代回國

法國藩屬軍政章程蓋如此
晚間華商公讌於會館坐客約四十人
二十四日早十點登德勒士小火輪十一點半展輪薄暮在中途寄椗來往安拜保勝等處船行計有二家一爲孖地公司一爲中印度商社每值大雨紅河驟漲深時有四五丈所有小輪均可來往冬間水落或一時無雨河水淺僅數尺則往來均須民船由安拜逆流而上保勝至速非十日不達德勒士船係中印度商社所屬頭等搭客每人二十元三等三元伙食均自備舵工爲越南人
二十五日五點鐘復行開駛晚八點鐘抵保勝華商數十人由

幫長順昌轉運局黃啟唐帶領各華商在碼頭迎候法國客寓已滿因移居順昌號

紅河兩岸皆山水流極急此行途中停舟四次以所運貨物無多而船又新製（該船前年在香港製）故百五十法里之水程逆流而上僅行二十三點鐘之久而孖地公司之安拜小輪船同時開駛至今猶未達也

二十六日往晤法遊擊兼管邑長事柏爾哲並至河口晤駐劄河口交涉副督辦雲南補用知府黃河源黃君貴州人其衙署在山上以竹爲之下午黃吉齋太守陳都司得勝河口電報局委員選用知縣李士熹（粵人）會勘河口鐵路委員候選縣丞楊慤

（鄂人）河口彈壓委員雲南試用縣丞陳炳煌均來見

下午往晤法駐保勝副將勒格穆勒在此已年餘與華人尚稱浹洽無輕藐之意六點鐘勒副將來答拜

保勝與河口僅隔一小河（卽南西河也）有橋可通（該橋用款四萬金製成中法兩國各半）橋之南岸法人設一關卡而我之海關則設在河口夜間由河口過橋而至保勝者須有法人所給執照華人居保勝者夜間均須提燈土人亦復如是法兵居保勝西岸之谷柳地方原有法兵一二百名今日俱已他適祇餘安南兵千餘名而已居保勝之華商約百四五十人納頭等牌稅者計六家曰瑞昌曰天順曰永利昌曰雲集曰雲和祥曰天成利均以轉運洋貨入

雲南爲業據云所有洋貨至保勝後沿紅河而至蠻耗約須十日每包約七十餘斤約須水脚一元再由蠻耗以馬馱往蒙自約須三日約須運脚二元天成利一家係保勝原無分號法人以其市面設在河口所辦之貨不准過境現刻不得已在此租屋照納字號稅以饜法人貪心云

在谷柳寄居之華人約百一二十人均以售洋酒什貨爲業中以協同昌一家爲最大近法兵盡去生意亦大形減色

河口爲邊防要地五方雜處安南人土人雲南人兩廣人俱有之戶口不及萬人歸開化府太平廳管轄設交涉副督辦一員無法文譯員遇事則暫僱通事前有繙譯某每月薪水六元刻

在天順號爲夥　開勝前營駐河口其兵丁素無新法操演亦無號衣每日入山伐木售人爲薪以自給邊防重地其軍政廢弛至於此極可爲歎息　華官自副督辦以下均不通法文無稍知大體之譯員所居衙署均陋簡汚穢街市狹隘不便與法官來往而法駐保勝各官居屋悉西式磚房街衢整潔互相比較眞有天淵之別　河口華工統計約八千人死病者相繼其頭目粵人一何姓一李姓均已逃逸昨往晤黃君徒步山中見華工槁項黃馘呻吟山石亂草之間其情狀實不可問而地方官無款可籌亦莫能周邺也

二十八日早六點鐘由保勝登孖地公司安拜小火輪六點半

鐘開駛順流而下下午四點鐘卽抵安拜西客寓已滿寄居生
和泰分行蔣伯榮處
二十九日早六點三十三分由安拜附火車回河內午後一點
鐘告至是晩發安拜邑長保勝副將兩電致謝忱
三十日晤中印度工程局督辦格爾謨突格曾同前督杜美至
雲南各處查勘鐵路地段某等以華工宜有醫院幷須妥爲照
料住屋飮食且包工工頭無論歐亞俱有尅扣工錢及故意遲
延日期等情亦宜設法補救格君許諾
往中印度副督中印度陸軍總統東京都護使及河內邑長各
處辭行今日爲星期故俱未晤及

六月初一日早六點半鐘由河内搭火車赴同登十一點抵諒山少停復行開車十二點抵同登經鎮南關對汛委員候選府經歷吳信宜到車站迎接而明江廳吳繼門別駕靖亦派有護勇多名照料一切即乘肩輿入關至關時經駐紮南關卡武建軍左旗三營管帶官劉玉堂駐紮南關榮軍管帶官林迎入晚間在明江廳署晚餐復至連城防次武建軍右旗三營管帶官于成德培基處寄宿

南關至關前隘五里關前隘至連城四十里連城至鴨水灘四十五里鴨水灘至龍州四十五里

初二日早復行午刻至鴨水灘改由舢板赴龍四點告至寓督

辦邊防大臣行臺
初三日往晤法駐龍代辦領事卜隆龍州稅務司富隆阿
初五日往觀廣西邊防將弁學堂
初六日法代辦領事卜隆來 是晚得雲南制軍豔電詢事竣
是否回京當卽電覆
初七日早叩辭鄭蘇帥回海防與蘇帥派赴越南游歷左旗督
帶劉浩春太守承恩右旗四營管帶官宋子言別駕思忠同行
晚間至明江廳署吳繼門別駕處寄宿
初八日早復出鎮南關至同登同劉太守宋別駕往晤法國駐
同登守備巴本尼經邀閱同登兵房所駐法兵無多

三點四十五分由火車行四點餘至諒山法駐諒山副將歐格爾至火車招呼並請至其署中暫住以爲時過迫未能下車婉詞致謝晚九鐘抵府諒江下車登孖地公司飛龍小火輪夜行前往海防是夜大雷雨

初九日早六點鐘抵海防

十二日由海防登庫浪泊輪船前往西貢午刻展輪

十三日下午四點鐘抵會安晚十點鐘展輪會安至順化僅四十法里有華人數百晚十二點半復開行

十四日下午五點抵新洲晚九點展輪

十五日晨十點半抵文東十二點半展輪

十六日午刻抵西貢統計由海防至西貢共八百三十九海里晤巡撫羅的意駐紮西貢提督邊訥甘西貢邑長蓮尼亞蓮君春間在巴黎時曾於南圻議員特隆克席上晤及

十七日邊訥甘提督派員邀閱步隊兵房修理槍礮局軍器房等處旋遇及前在北京之法副將柯麟尼復經邀示海軍船澳大小各一法帶甲巡洋艦名勒都達者刻下正在修理尚須十餘日方能竣工內有木廠一座僱用華匠多人有舊式海底潛行雷艇一艘亦在隖內停泊查海軍製造局亦有鍊鐵廠一座內有工匠二千人左右刻下無論大小兵艦均可入隖修理但大小槍礮等件仍不能自造悉由法國各處運來

十八日往隄岸晤邑長杜魯意杜曾經孫星使代請雙龍寶星視事已五年矣經邀閱收生醫院一所不論歐亞均可入住富足者捐款如貧乏之無資並不索費該院創於一千九百一年九月十九號華人捐款頗鉅不下四萬元刻院內添設學堂一所內有女學生十五人專學收生醫術一年卒業內有華婦一名所學頗精大考名次第二貧老殘廢院設於一千九百零二年十一月二十七日無論華越男婦均可收養醫院一所內華人病脚腫入院醫治者不下二三十人據管理醫生福隆德蘭云脚腫之症實由食米所致蓋米中含一種微生物須經熱度百四十度方可於食物無害得病後須改食石舂之米醫治得法

一年可期全愈又瞎盲院一所本年四月十二號始行開設內有盲童十餘人華人祗一二人經授以書算音樂等藝并編籐各種工藝其章程悉本巴黎瞎盲院而規模自遠不及

同邑長往晤越南前隄岸總督杜有芳杜有二子均入法籍仍崇奉孔教一曾在法國學陸軍刻已擢至都司之職爲中印度總督中軍官一曾在法國習律刻亦經法政府派充司法官之職

安昌號華商李立字仲卓來

十九日早劉太守宋從事由原船回海防

由小火車復往隄岸經邑長派員邀至廣州泉漳二幫長已與

訂期詳議商會學堂二事晚李仲卓招飲
二十日早復往隄岸至潮州嘉應州瓊州三會館晤其幫長
二十一日至隄岸廣肇公所廣州商來者約二十餘人當將來
意宣告并囑該公所董事訂二十四日傳集隄岸閩粵七府各
商會晤七府者廣肇潮州泉漳福州嘉應瓊州及失籍之流寓
華民也
午後至怡昌機器米磨廠經廠東李衍庭邀視一切計廠內雇
用工匠八十餘人内有英人二名專司機器該廠每日可出米
四千擔刻其屯棧中存米十五萬包今年南圻歉收米市亦從
而減色所有裝米麻袋係由印度運來每個值洋一毫有奇由

西貢至香港水脚無定價每包米有時多至四角少時則僅六七分

二十二日晤西貢邑長蘧尼亞與談及設立西貢華民商會及學堂二事渠意亦謂然幷云此間各幫長大概皆華工出身而富商每不肯爲此故於此二事多漫不經意擬訂二十七夕傳集衆商幷請隄岸邑長前來會商一切又談及新客公所虐待華民亟宜整頓渠無異詞

二十四日至隄岸七府武廟閩粵各幫長均到而大商家至者寥寥僅一二人語以商會學堂二事均以事關公衆須大家會商後方有把握爲辭

是晚草公啓一分付印傳布

二十七日赴隄岸和合酒務公司之約南圻各處共有中國釀酒精廠四十八家辦理十餘年頗能獲利法人嫉之設法購回自辦今所餘者僅十八家而河内酒廠總辦法人方登復慫恿總督飽渥及海關稅司諸人與渠輩爲難於是又有所有華人酒廠所釀之酒均須售與中印度政府分售之議該商等設局建廠所費已百餘萬元如一概售與政府分售則不但無利可圖且必虧折已由其總幫長鄭昭明稟明　出使法國大臣設法補救聞鄭復以二萬元僱一律師代爲轉圜事如有成倘許謝金三萬元云鄭昭明閩永春州人生於新嘉坡操英法語俱

熟

往觀隄岸萬聯酒廠卽鄭昭明之酒廠也經其姪鄭宇宙邀視

一切據云華廠用土法製釀專用糯米（每擔值五元二三角之譜）而河內方

登酒廠則用米碎成本自輕計每三十五啟羅（每啓羅約合二十四兩）之

米釀成酒精三十咧釀成送入庫房藏鎖（廠東及稅官各有鑰匙售時須同時幷開）以防偸漏

二十八日廣肇義塚行落成禮同幫長黃吉等往觀有道士三

五人在內建醮足見華人流寓南洋此等習俗仍不能改

華人婚嫁喪葬有鼓樂者應納稅五佛郎無者減半年節放礮

每幫應納六百五十佛郎館內或家中建醮每日應納五十佛

郎婚嫁喪報官應納七十五生丁

初一日經駐紮中印度總督代表候補副領事杜百里南圻巡撫署總文案濮魯意邀閱新客公所刻總辦馬及回法經代辦勒布理迎入邀視照相所量身所驗看眼口鼻下頦所印右手五指紋所每一船至所有亞洲人除日本人法屬印人外悉行驅入聽候逐節攷驗詳載約半點鐘卽可一切完竣（此代辦所云而此間華商言速則二三點鐘有時半日一日不等而西貢邑長遲尼亞則謂有時竟至二日）查從前本無驗指紋模印之例光緒己亥年前任總辦波色爾特創波色爾亦以輿論不協撤差而此例仍流傳不廢是日無進口船故公所內華人甚少　婦女進口亦須前往量身材之高下其餘各節均

悉數從寬豁免　進口時如有熟人向說擔保可免留候俟攷驗期至再行親至報名

往觀量記罪人骨格所所有罪人未經審判之前俱送入驗量骨格眼耳鼻口下頦以及手足之長短兩手指紋詳細登載以防逃逸據云七年以來華人犯大小案件者約六千人而南圻華人全數約二十萬人云

初二日復同杜百里濮魯意兩君往觀西貢監牢該監牢即在巡撫衙署左近計內有罪犯八百餘人內華人約七八十人大概因欠債欠納身稅各案件者爲多法人約十餘人內有兵士五人所居之處與亞洲人相若惟監禁歐人之所有牀有帳飲

食亦優而亞洲人則席地食米飯而已斬犯獨有一名係安南土人所有罪犯有能文者則令抄寫文件能各項手藝者均令逐日工作售款仍還本人中以能織造各項籐器者爲最多尚有小醫院一所有患病者則由監牢遷入調治至於婦女罪犯約四五十人監視者係一婦人總而言之一切布置整齊監禁之所潔淨逾恆於衛生一事最爲加意監牢內外均有園林之勝監禁者之所苦者獨失其自由而已

午刻隄岸福建幫長林民英約在公餘小駐午餐所有各大商未至者多商會之事渠輩雖許日後議辦察其意仍畏懼法人恐我政府無力保護雖極力勸導仍以從緩爲辭至於學堂一

事據萬順安機器米磨公司林聯慶云閩幫學堂業已開設一處特所學者尚淺耳

初三日廣肇瓊州嘉應州各幫已共舉富潤號李祐宗爲總董事怡昌號李衍庭南隆號劉藹春爲副董事李祐宗久商南圻李衍庭劉藹春亦皆機器米磨公司總理三人均廣幫中有聲望者李衍庭堅辭

初四日帶同李祐宗父子往謁西貢邑長蘧尼亞並告以擬設商會之總副董事業已得人託其相助爲理蘧君云此事極願幫忙但須將章程譯出交閱並請中印度政府頒諭承認方爲合例旋談及新客公所改良一事蘧云應如何改良之處請李

氏父子同各華商詳擬辦法交渠設法商辦一面由孫星使與巴黎政府妥商辦理蘧又言南圻荒地仍多最好能招華工前來墾闢年前渠曾創此議事未得成當告以稅例煩苛進口時又許多不便願來者恐必寥寥云

下午三點登法郵船亞猛比逸四點展輪同行者有新舉商會副董事南隆號劉君藹春

初七日早抵香港

河内埠廣幫身稅名數

頭等稅　八十二人　每人每年納洋九十二元四角

二等稅　九十人　每人每年納洋三十一元五角

三等稅　一千四百七十人

每人每年納洋七元三角五分

老疾婦穉　六百人　每人每年納洋五角三分

另每人加照相費一元納頭等稅者可免

超等招牌稅每年納洋五百五十元

計五家

一等一稅　每年納洋三百五十元

計十七家

一等稅　每年納洋百五十元

計三十五家

二等稅　每年納洋八十元

計二十八家

三等稅　每年納洋六十元

計五十四家

四等稅　每年納洋四十五元

計二十六家

五等稅　每年納洋二十二元

計十一家

招牌稅外另抽房租每百元加洋三元

華人回國納出口稅洋六元

過埠一個月稅紙　洋一元

過埠仕實紙　洋一元

過埠三個月紙　洋四元

海防身稅及招牌稅與河内同惟西貢隄岸兩埠法人以其爲華商最發達之區故一切稅較河海二埠爲重即如回國應納之出口稅華商在西隄二埠者則納洋十六元較之河海二埠特三倍矣

河內華商名單

廣幫

生和泰　陳田 香港雲南幫

裕順全　區學泉 香港雲南幫

亞詩火柴公司　譚亞枝

億生　吳琪彬 香港幫

公泰隆　保記 香港幫

永德利　許亦明 香港會安幫

以上均納雙一等門牌稅

昆昌　河萬祥

東發　陳鴻翔

東泰　吳培宗

廣昌　何英廣

公興榮　溫方漁

榮昌　楊叔箴

佳裕泰　林松

廣興隆　劉遜臣

以上皆香港幫

和興　陳昌

厚德　溫厚興

義興祥　陳涵記

同興順　陳其

以上皆綢緞布疋什貨生理

遠昌源　梁閣

永昌隆　潘氏

以上鐵器建造

謙記棧　梁謙

永祥　梁泰

以上日本貨物生理

厚和祥　關厚

南安隆　黄羽記
順福隆　梁心禯
麗源　吴達邦
杏隆堂　陳禮
隆記　張隆
易和昌　亞邦
吉興祥　亞玉
以上什貨
生源昌　劉頌之
長安　陳占吾

以上代辦米穀

合昌隆　陳祐雲南敎

南泰成　何國清　煙莊

榮德　李榮德　玻璃貨

怡記　何鑑湖　玻璃貨

東興園　鍾閏　酒樓什貨

禎祥　陸禎祥　新衣什貨

榮記　吕巨昌　新衣布疋

榮昌　李文耀　新衣布疋

寶生祥　陳耀記　新衣布疋

安和堂　郭成記　藥材
祥春堂　朱三記　藥材
廣和昌　吳世坊　會安什貨
利安　周起　首飾
南興　陳雲翹　首飾
同安泰　關權　洋貨
勝興號　譚墱廷　洋酒
大豐　黃汝泉　印字
生記　梁葉　日本貨件
利南昌　張湛記　什貨

廣興　陳松貴　鐵器

生隆泰　陳生隆　鐵器

以上均納一等門牌稅

志興和　馮智

祥茂　盧爲芝

利豐　許樂卿

福生　張福

大昌　符肇九

天合　李炳記

鍾壽記　鍾壽

怡安　陳可敬
華昌　梁伯皋
以上什貨
成記　鮑毓堂
羅致記　羅子喬
成和　劉財存
順泰　黃順演
以上洋酒什貨
元利　張永　餅餌
普生堂　黃萬　藥材

廣生堂　關傑卿　藥材
德生堂　關意記　藥材
燕芳樓　岑恩　酒樓
生和昌　黎曾　新衣什貨
祥興　劉其祥　燈泡玻璃
怡和　黃鏞　西貢麯
永合成　郭藻元　生藥什貨
新昌泰　甄明　洋衣
源泰　甄璧　洋衣
以上均納二等門牌稅

閩幫

新成錦　鄭啟昌　洋酒

長安　陳占梧　米糧

以上均納雙一等門牌

合興　陳友篠

瑞成　洪允淵

裕泉　洪宗泉

建隆　洪志教

盛永　洪允全

合成　梁祖挺

芳裕　鄭裕

成春　郭洙咨

福榮　鄭昌降

源隆　鄭敬惜

福永昌　洪思齊

長裕　王樑

成德　蔡淑

永芳　張九老

瑞隆　洪允湖

成和　鄭昌狀

合春　郭旭
永興　洪志堯
益興　洪志前
以上皆洋酒生理納頭等門牌稅
長茂　王仟
長美　王溫
成安　蔡淑
福升　鄭昌降
聯茂　鄭藍田
長興　王樑

以上亦皆洋酒生理納三等門牌稅

聯記　郭汀

柏華　洪溪

以上亦皆洋酒生理納四等門牌稅

安沛華商名單

福　興　鄭英豪　廣東　洋酒生理

聚泉興　鍾連潤　廣東　蘇杭雜貨生理

華英祥　李　杰　廣東　蘇杭雜貨生理

周　華　周纘華　廣東　稅務

天和堂　潘　佳　廣東　生熟藥材

滋壽堂 梁學才 廣東 生熟藥材
敍樂居 董禮 廣東 包辦酒席
瑞意居 彭煥廷 廣東 包辦酒席
吳榮昌 吳蘭廷 廣東 客寓生理
義泰 李長石 廣東 雜貨酒米生理
致中和 彭能彬 廣東 洋酒雜貨生理
江樹 江樹記 廣東 燒腊生理
董耀 董曜 廣東 洋酒生理
任俊英 任俊英 廣東 雜貨生理
黎濟泉 黎濟泉 廣東 雜貨生理

致和	郭善球	廣東	領車仔稅
劉培	劉培	廣東	雜貨生理
永合	陸德賢	廣東	皮鞋生理
梁略文	梁略文	廣東	雜貨生理
李仕昌	李仕昌	廣東	雜貨生理
關根	關根	廣東	雜貨生理
黎柱	黎柱	廣東	雜貨生理
陳六	陳六	廣東	洋煙生理
瑞合發	蔡增添	建福	洋酒生理
榮春	蔡榮春	福建	洋酒生理

建益 洪志道 福建 洋酒生理
福隆 洪澤誠 福建 洋酒生理
蔣伯榮 廣西 代理雲貴幫貨物
周本堂 廣東 代理雲貴幫貨物
池大標 廣東 代理雲貴幫貨物
關閏林 廣東 代理雲貴幫貨物
郭啟廉 廣東 代理雲貴幫貨物
黎福廷 廣東 代理雲貴幫貨物
梁芳廷 廣東 代理雲貴幫貨物
關逸昇 廣東孖地打仔地辦房

李佐臣　廣東安興公司辦房

法屬南圻六省酒商名單

隄岸　萬　聯　鄭昭明　福建幫

富春　萬和成　鄭昭明　福建幫

隄岸　萬　昌　王　成　福建幫

邊和　福合盛　洪志正　福建幫

禿祿　萬福長　王　紹　福建幫

擺草　萬建源　王　乞　福建幫

茶榮　萬成源　蔡　古　福建幫

守德　悅　來　陳　芬　廣東幫

新安　茂和　趙炳　廣東幫
沙瀝　杏花村　曾良　廣東幫
欖椥　泰昌　張泰　廣東幫
朱篤　聚源　林福濟　潮州幫
隆富　福春源　陳彬　潮州幫
薄寮　雙合興　潮州幫
金甌　海利　潮州幫
茶榮　新同昌　林庚　嘉應州幫
丐椗　廣合祥　回春堂　嘉應州幫
茶溫　廣德安　謝章　嘉應州幫

查法屬南圻各省酒商原有四十六家嗣經法人陸續購回其故由於酒商獲利較厚而法人按西法釀製者銷售不多至一千九百零三年法政府出令酒力不足四十度者不準發售又每百理脫之酒加釐五分合前之已有之稅計洋三角華商亦勉强聽命未及一年而法中印度政府又有所有各酒須經政府一手發沽華人所釀之酒均須定價售與政府之說酒商鄭昭明以所動成本過巨此議若成必至覆業乃託人在巴黎藩部斡旋並電稟
出使法國大臣孫求向法政府力爭以保全應有權利聞法人自知其曲在彼頗有前議作罷之意

隄岸機器米礱公司九家名單

福建幫五家

萬裕源　總理　陳和成

萬德源　總理　吳鍾煥

萬益源　總理　謝媽延

萬順安　總理　陳和成

建芳成　總理　邱衛雪應彖

廣東幫二家

萬昌源即南隆　總理　劉藹春

怡昌　總理　李澤祥

隄岸機器米礱公司九家名單　四十二

德商二家

查隄岸一埠華商最大商務莫如機器米磨公司即德商二家亦有華股每家須股本二三百萬元

劉藹春李澤祥二人業經公舉爲南圻商會副董

法屬越南海關稅則摘錄

拾號粗紗　每百啟羅　十九佛郎五十生丁

貳拾號粗紗　二十四佛郎

肆拾號粗紗　五十二佛郎

自來火　另加十八佛郎　十二佛郎

爆竹　三十佛郎

茶葉	一百零四佛郎
藥材	六十佛郎
藥丸	一百五十佛郎
紙料	十三佛郎
中國筆	十佛郎
中國墨	二十五佛郎
銀硃	七十佛郎
硃砂	七十佛郎
硇砂	三十五佛郎
青礬	一佛郎

顏料	一百三十佛郎
銅鈕釦	三百佛郎
薄銅片	一百三十佛郎
洋綠	八佛郎五十生丁
硫磺	三佛郎
毛青	三十佛郎
鐵針	三百佛郎
中國絲貨	二百佛郎
鉛粉	八佛郎五十生丁
樟腦	七佛郎五十生丁

海味	十佛郎
金針菜	二十佛郎
豆腐竹	十佛郎
菜干	十五佛郎
白蠟	三十五佛郎
醬料	五佛郎
草席	三佛郎
砂仁	四百佛郎
丁香	四百佛郎
長殼果	四百佛郎

胡椒	四百佛郎
印花紙料	一百佛郎
毛扇	五十佛郎
華鞋	五十佛郎
鷄毛拂	七十五佛郎
眼鏡	一百七十五佛郎
紅糖塊	十七佛郎
玻璃鈕釦	一百五十佛郎
蒲扇	五佛郎
漆器 中國來者	二十佛郎

竹器　八佛郎

唐豆　五佛郎

木器　八佛郎

白醋　八佛郎

琥珀珠　三十佛郎

白銅片　三十五佛郎

對聯　十五佛郎

錫箔即紙錁子　六佛郎

皮箱　十八佛郎

鐵礶　三十佛郎

盛物用紙盒	四十五佛郎
錦紙盒	九十佛郎
掛麪	十佛郎
神香	十五佛郎
紅花磁器	二十五佛郎
白磁器	十佛郎
瓦器	六佛郎
馬口鐵	十五佛郎
大棗	十五佛郎
籐器	五佛郎

戲衣上用小玻璃鏡	四十佛郎
紙扇	十五佛郎
熟煙 另每啟羅加洋二角五分	十佛郎
條絲煙 另每啟羅加洋七角	六百佛郎
水粉	十五佛郎
金葉	一千佛郎
中國菜刀	一百二十五佛郎
中國小刀	三百七十五佛郎

前由中國各埠運來者每百啟羅十佛郎刻不論何國一律每百啟羅三百七十五佛郎

貨物	價值
羊皮	九十佛郎
熟皮	一百九十佛郎
芝麻	五佛郎
中國象牙器	三十五佛郎
日本象牙器	一千佛郎
花生油	六佛郎
中國乾糖果	十五佛郎五十生丁
牛乳	十一佛郎
各項玩物	七十五佛郎
樹膠鞋	一百二十佛郎

中國繡貨	五百五十佛郎
厚紙片	十九佛郎
粗肥皂	六佛郎
帶花木架	六十五佛郎
燕窩	一百佛郎
時辰鐘	二百佛郎
絨綫	三百佛郎
生髮油	一百佛郎
西洋肥皂	十二佛郎
大鏡	七十五佛郎

無花木架　四十五佛郎

草包　二佛郎五生丁

五味子　三十佛郎

鉛筆　一百六十佛郎

洋麪　十五佛郎

火腿　五十佛郎

洋傘　每百把　五十佛郎

牙刷　每百啟羅　一百二十五佛郎

洋燈筩　十八佛郎

白銅物件　一百五十佛郎

洋燈口	六十佛郎
油漆鐵器	二十佛郎
鉛礶	五佛郎
玻璃燈罩	二十佛郎
錫礶	四十佛郎
鹹羊肉	二十佛郎
中國琴絃繩	十佛郎
橘汁即英國醬油	三十佛郎
小洋肥皂	六十佛郎
杏仁	十二佛郎

金花　七十五佛郎
中國粗布　一百二十佛郎
洋線團　二十六佛郎
硼砂　十佛郎
牙硝　二佛郎五十生丁
洋鋼　二十佛郎
馬蹄鐵　一佛郎
火漆　三十五佛郎
烏煙　三佛郎
洋蠟　十九佛郎

花燒料器	四十佛郎
滑燒料器	三十佛郎
白鐵面盆	三十佛郎
牛角器	一百二十五佛郎
碻石	三百七十五佛郎
火麻仁	五佛郎
洋粉	十佛郎
乳香	十佛郎
加應子	十佛郎
有畫紙張	十五佛郎

玻璃珠　三十佛郎

髮菜　十佛郎

輕粉　二佛郎五生丁

花地席　三十佛郎

刻花玻璃　一百二十佛郎

呂宋煙　二百五十佛郎

假首飾　二百五十佛郎

礶頭荔支　十佛郎

礶頭波羅蜜　三十佛郎

礶頭鮑魚　三十佛郎

燒酒	每理脫	二十佛郎
西乾糖果	每啓羅	六佛郎
西濕糖果		三佛郎
皮錢包		二百五十佛郎
好木椅		三十佛郎
花旗椅		二十八佛郎
漆日本器		一百九十佛郎
甜餅乾		十五佛郎
鹹餅乾		十五佛郎
洋天平		十五佛郎

雲母鈕釦　三百五十佛郎

羊毛綫　九十六佛郎

大呢絨　二百七十佛郎

古銅器　六十佛郎

潮州扇　五十佛郎

金色　四十佛郎

骨器　五十佛郎

玻璃瓶　四百五十佛郎

小呢絨　二百十佛郎

羽紗　二百十佛郎

出口稅則

品名		稅
黃絲		一百佛郎
土藥材	每值百圓	五圓
經人工者可免稅		
棉花		三佛郎
米	每百啟羅	四十二生丁另加一角五分
漆油		三十五佛郎
柴板		十佛郎
砂仁		十佛郎
薯莨		一佛郎

黃籐　一佛郎
棕竹　一佛郎
牛角　每百圓　三圓
牛皮　三圓
好木　每一立方邁當　十佛郎
豆　每百圓　三圓

越南游歷記終